아내는 가끔
다른 인생을 꿈꾼다

아내는 가끔 다른 인생을 꿈꾼다

초판 1쇄 펴낸 날 | 2013년 12월 10일
초판 2쇄 펴낸 날 | 2013년 12월 31일

지은이 | 홍미경
펴낸이 | 이금석
기획 · 편집 | 박수진
디자인 | 강한나
마케팅 | 곽순식
물류지원 | 현란
펴낸곳 | 도서출판 무한
등록일 | 1993년 4월 2일
등록번호 | 제3-468호
주소 | 서울 마포구 서교동 469-19
전화 | 02)322-6144
팩스 | 02)325-6143
홈페이지 | www.muhan-book.co.kr
e-mail | muhanbook7@naver.com
가격 13,000원
ISBN 978-89-5601-327-5 (13320)

잘못된 책은 교환해 드립니다.

아내는 가끔 다른 인생을 꿈꾼다

홍미경 지음

Prologue

여자가 여자에게 전하는 선물

얼마 전, 이제 막 결혼생활을 시작한 어린 후배를 만났습니다. 여느 때와 달리 시댁이야기, 남편이야기로 정신없이 수다를 떨다보니 문득 내가 그동안 걸어온 길을 이 친구도 그대로 걸어가고 있구나, 싶은 생각에 감회가 새로웠습니다. 결혼 초에 흔히 겪게 되는 시행착오, 남편을 내 편으로 만드는 방법, 일상에 매몰되지 않고 끊임없이 자기계발을 해야 하는 이유 등 들려주고 싶은 말이 어찌나 많던지요.

아이를 낳으면 고민거리는 배로 늘어납니다. 육아와 살림을 동시에 하느라 몸이 세 개라도 모자랄 지경인데다 점점 여자로서의 매력을 잃는 것 같아 우울증까지 찾아오면 그야말로 진퇴양난입니다. 이때 누구보다 나를 지원해줘야 할 남편은 자꾸 잔소리거리만 만들고요.

그러고 보면 여자의 일생이란 옛날이나 지금이나 크게 달라진 게 없습니다. 사랑하는 남자와 결혼하기만 하면 핑크빛 미래가 펼쳐질 것 같지만, 꼭 그렇지만은 않은 현실과 부딪치면서 인생에 눈이 떠지지요.

정신없이 살다보면 어느새 싱그러운 젊음도 저편으로 사라지고, 남편과 아이를 챙기느라 어느새 자기 자신은 맨 뒷자리가 됩니다. 시간이 흘러 나이 든 몸뚱이와 아무것도 남지 않은 빈껍데기 같은 현실을 맞닥뜨릴 때, 그 절망감을 무어라 표현할 수 있을까요.

모든 과정을 한발 한발 밟아왔기에 그 뒤를 좇을 젊은 주부들에게 길을 가르쳐주고 싶었습니다. 유치원을 운영하는 교육인으로서, 한 남자의 아내로 그리고 엄마로 열심히 살아온 선배 주부로서 그동안 경험하고 느꼈던 모든 것들을 알려주고 싶었습니다.

하루 중 언제 가장 행복하신가요? 결혼을 하고 나서 아내로 엄마로 사는 것은 늘 고단하고 바쁩니다. 그럼에도 불구하고 늘 변화하고 노력하는 삶을 사는 여성이야말로 나이가 들수록 빛나게 됩니다. 하나부터 열까지 남과 비교하고, 이상과 현실에 괴리를 느끼며 절망하는 젊은 주부들에게 위로와 격려를 보내고 싶습니다. 지금도 충분히 잘하고 있다고, 더 나은 삶을 위해 그렇게 하루하루 사는 거라고 손을 내밀어 주고 싶습니다. 결혼 후 아름다운 딴짓을 꿈꾸는 당신에게 이 책을 바칩니다.

―홍미경

추천글

《아내는 가끔 다른 인생을 꿈꾼다》는 홍미경 원장의 삶이 진솔하게 녹아 있는 네 번째 작품으로 크게 아내, 엄마, 여자 3편으로 구성되어 있다. 이 책 속에는 인생에 대한 열정과 절절함이 잘 표현되어 있으며, 몸부림 속에서 성장하고 성공한 것을 느낄 수 있었다.
내 가슴을 뛰게 한 특별했던 남자에서 너무나 평범하고 보잘 것 없어진 남편, 권태기를 지나 행복하기 위해, 사랑받기 위해 몸부림쳤던 한 여인의 자서전적인 이야기에서 그녀가 강조하고자 하는 것은 자신의 정체성과 일을 찾으라는 것이다. 그녀는 누구보다 대한민국 아내들이 공통으로 앓는 병의 본질적 원인을 명쾌하게 짚어냈다. 게다가 그 처방은 간단하면서도 의미심장하다. '진부한' 인생을 '진한' 인생으로 만들어 내는 노하우가 바로 여기에 있다.　　　　-윤은기 서울과학종합대학원 석좌교수, 前 중앙공무원교육원장

홍미경 원장은 여자들이 진짜 행복한 자아를 되찾아가는 길잡이 역할을 자임한다. 직접 아파 본 사람만이 진정한 위로를 건넬 수 있듯이 물 흐르듯 써내려간 글에는 본인이 체험했던 마흔 즈음의 불안과 우울, 공허 그리고 그 시간 동안 치열한 자기 성찰을 통해 체득한 진솔한 깨달음과 치유의 메시지가 오롯이 담겨 있다.
자기계발서의 열풍 속에서 여성 독자들을 대상으로 나온 책은 서점에 많지만, 진정으로 여자의 고충을 이해하고 지친 마음을 보듬어 줄 수 있는 책은 흔치 않다. 홍미경 원장의 진심 어린 위로와 조언에 많은 여성독자들이 스스로를 더 많이 아끼고 사랑하게 될 거라 믿는다.　　　　-이상헌 칼럼니스트, 베스트셀러 작가

훑어보려다 그만 다 읽고 말았다. '착한 아내, 좋은 엄마가 아닌 '나'로 살아라' 같은 흔한 이야기가 아니다. '이제는 우리도 즐기자!'는 도발적/도피적 독립선언서도 아니다. 자신을

과감히 공개하면서 세상의 모든 가정들이 공감하는 현실을 진술하게, 흥미롭게 파헤쳤다. 동서고금의 실증적 교훈과 함께 오늘날의 실상과 독창적 해결책들을 스스로 발견하게 하는 지혜가 이 책에는 들어 있다.
"전구를 직접 갈고 무거운 가구를 번쩍 옮기는 아내보다 '당신은 역시 대단해!'라고 응원해주는 아내가 더 사랑받는 법.", "가능성을 가정에 가두지 마세요. 여자라고 안 된다고 생각하지 마세요. 눈을 밖으로 돌리고, 더 나은 내가 되기 위해 무엇이든 하세요." 남편이 먼저 읽어야 할 책이다. 　　　　　　　　　　　－이성언 한국능력개발원 회장

안녕하십니까? 세계평화작가 한한국입니다. 희망과 열정으로 대한민국 미래 꿈나무들을 위해 교육현장에서 인성을 책임지고 계시는 홍미경 원장님의 네 번째 서적 출간을 진심으로 축하드립니다. 저 또한 어렸을 때 인성과 교육이 바탕이 되어 오늘날 UN이 인정한 세계 유일한 '한한국의 세계평화지도'를 그리게 되었습니다.
누구나 공감하는 내용들로 구성되어 있어 쉽게 이해되고 가슴에 와 닿습니다. 여성의 행복, 가정의 소중함을 말하는 이 책 내용을 볼 때 훌륭하여 베스트셀러가 될 것이라 생각됩니다. 　　　　　　　　　　－한한국 세계평화작가, 조선대 정책대학원 객원교수

이 시대 아내, 엄마라면 수많은 문제들과 부딪치며 살아야 합니다. 누구나 찾아오는 결혼생활의 권태기, 자녀와의 의견 충돌, 한 여성으로서의 좌절과 절망 등 그것을 어떻게 극복하며 살아왔는지 홍미경 원장의 보석 같은 조언들이 담겨져 있습니다. 주부로서 엄마로서 여자로서 그녀의 꾸미지 않은 삶의 이야기를 들을 수 있습니다. 힘들고 지쳐 있는 여성들에게 큰 힘이 되고 용기를 불어넣는 지침서입니다. 　　　－서수남 가수, 사진작가

Contents

프롤로그 · 4
추천글 · 6

Story 1 아내라는 이름

나도. 남편과의. 결혼을. 후회한다.

1. 권태기는 느닷없이 찾아온다 · 15
2. 나는 사랑받고 싶다 · 24
3. 일상의 염증, 훌쩍 떠나버리고 싶을 때 · 32
4. 나의 스펙, 남편을 위한 장신구였나! · 40
5. 결혼 후, 아름다운 딴짓을 꿈꾸다 · 47
6. 고쳐지지 않는 악습관에 대하여 · 54
7. 비교하지 마, 나도 예쁘니까! · 61

부록 불량남편의 A/S 상담소

이기적인 남편 · 69
막말하는 남편 · 72
자주 욱하는 남편 · 75
잔소리꾼 남편 · 79
철없는 남편 · 85

Story 2 엄마라는 이름 I

엄마의. 이름으로. 걱정과. 불안에. 빠지다.

1. 나는 친정엄마처럼 살지 않을래 · 93
2. 버거운 엄마 노릇, 친정엄마가 그립다 · 100
3. 아파도 아플 시간조차 없는 내 인생, 돌리도 · 107
4. 난 지금 행복한가, 그렇지 않은가 · 115
5. 신비로운 생명의 탄생, 엄마 되다 · 122
6. 우리 마지막 섹스가 언제였더라 · 128
7. 이기적인 엄마로 살다 · 135
8. 좌충우돌 엄마의 시행착오 · 142
9. 엄마의 이름으로 걱정과 불안에 빠지다 · 148
10. 무관심한 아빠, 그래도 이만한 남자는 없다 · 154
11. 후회하는 마음 버리기 · 161

Story 3. 엄마라는 이름 II

육아로. 힘들어 하는. 이 땅의. 엄마들을. 위하여.

1. 아이의 변화는 엄마로부터 시작된다 · 171
2. 부모의 잘못된 사랑과 기대가 아이를 불행하게 한다 · 177
3. 어려움을 극복하게 하라 · 184
4. 믿고 기다려주는 것도 커뮤니케이션이다 · 191
5. 화내는 엄마, 화내는 아이 · 197
6. 아이와의 대화에는 기술이 필요하다 · 204
7. 자연은 최고의 선생님, 자연으로 내보내라 · 211
8. 당장 단둘이서 떠나라! 〈아빠! 어디 가?〉처럼 · 218
9. 나는 남편이 아이랑 놀아줄 때 행복하다 · 225

Story 4 그리고 나

여자의 인생, 결혼 후가 진짜다.

1. 대한민국 아내로서 삶의 균형잡기 • 235
2. 늘 성장하라, 내 인생이니까 • 242
3. 내가 만나는 사람, 그리고 사랑하는 사람 • 249
4. 나만의 스타일을 구축하고, 전문가가 되라 • 255
5. 매력으로 세상과 승부하라 • 262
6. 성공한 여자 옆에 성공한 여자가 있다 • 269
7. 무작정 달려온 당신, 자신의 길을 찾아라 • 276
8. 당장 긍정마인드로 성공다이어리를 써라 • 282
9. 오늘도 나에게 박수를 보낸다 • 288
10. 여자가 여자에게 • 295

Story 1
아내라는 이름

나도. 남편과의. 결혼을. 후회한다.

사고 넘버링이 될수록 후회한다.

< 아내라는 이름 >

01

권태기는
느닷없이
찾아온다

∨

○ 당신의 가정은 어떻습니까

    가끔 사는 일이 무료하고 쓸쓸해질 때 예전을 떠올리곤 한다. 밥 먹는 모습만 봐도 배가 부르고, 이 사이에 낀 고춧가루마저도 사랑스러워 웃음이 났다. 손끝만 스쳐도 찌릿찌릿 전기가 흐르는 듯하고, 간이나 쓸개라도 빼줄 것처럼 헌신적이었던 그 시절, 바로 우리의 찬란한 연애시대였다.

    잠시 기억을 꺼내어 가만히 되새기는 것만으로도 가슴이 따스해짐을 느낀다. 동시에 가슴 한편이 시려오는 것은 그 시절이 다만 과거에 머물러 있기 때문이리라. 사실, 지금 상황이 만족스럽다면 가물가물한 추억들을 굳이 꺼내어 되새길 필요는 없을 테니까.

'결혼은 거친 파도가 출렁이는 바다에 뛰어드는 것과 같다.'

독일의 유명 작가 하이네가 남긴 이 명언이 유난히 가슴에 와 닿는 이유는 무엇일까. 사랑과 의리로 맺어진 든든한 아군이었던 '남편'은 서서히 '남의 편'이 되어 갔고, 그 와중에 아이가 태어나면서 '엄마'라는 무게를 오롯이 감당해야 했다. 정해진 수순처럼 아내가 되고 엄마가 되었으면서도 내 앞에 들이닥친 새로운 삶을 받아들여야만 한다는 두려움에 쩔쩔매던 기억이 난다. 이제 와 생각해보면 그것은 시작에 불과했다.

〈사랑과 전쟁〉에서 봤을 법한 일들이 주변에서 심심찮게 벌어지더니, 결국 내게도 비슷한 일이 닥쳤다. 결혼에 대한 환상이 하나하나 깨져가는 것을 지켜보는 것은 차라리 허무함에 가까웠다. 하지만 사는 게 바쁘다 보니 가슴속에 묻어지기도, 무뎌지기도 했다.

결혼 후 '권태기'는 느닷없이 찾아온다. 임신 또는 산후우울증과 함께 오는 경우도 있다. 싸운 것도 아닌데 남편 뒤꿈치만 봐도 짜증나는가 하면, 가끔은 등짝을 차버리고 싶을 정도로 화가 치밀어 오를 때도 있다. 쭉 찢어진 눈을 샤프하다며 좋아하고, 뒤집어진 입술을 보며 섹시하다고 생각했던 연애시절이 믿기지 않을 정도다. 한때는 내

심장을 미친 듯이 뛰게 만들었던 그 남자! 그가 지금 내 곁에서 지겹게 잔소리를 하고 아무렇지 않게 하품과 방귀를 연달아 발사하는 밉상이라고는 도저히 상상할 수 없다.

어디 나뿐이랴. 세상의 많은 여자들은 결혼이라는 일생일대의 결정으로 인생이 한 단계 상승하기를 꿈꾼다. 내가 선택한 남자로 인해 더욱 행복한 삶은 물론 내 꿈에도 한 발짝 다가갈 수 있으리라 여겼으리라. 이유는 단 하나. 내 가슴을 뛰게 한 특별한 남자이기 때문이다. 그러나 사랑은 폭풍우가 몰아치는 으스스한 밤바다를 황홀한 천국으로 보이게 하는 법. 결혼한 후에야 심장은 제 속도를 찾고, 세상에서 가장 섹시했던 남자는 특별한 구석 하나 없는 필부에 불과하다는 사실을 깨닫게 된다.

우리는 이를 권태기라고 부른다. 경우에 따라 차이는 있겠지만 3년 차 부부에게 많이 찾아온다. 주위를 보면 이 '결혼 3년 차 권태기'를 잘 극복하지 못하고 이혼하는 부부들이 적지 않다.

아는 후배 하나는 결혼 3년 차에 남편에게 '요즘 너를 보면, 아무런 감정이 느껴지지 않아'라는 말까지 들었다고 한다. 눈물콧물 쏟으며 한동안 시름에 허우적대다 이내 스스로 극복해가는 모습을 씁쓸하게 지켜볼 수밖에 없었다. 어찌 보면, 폭풍우를 지상낙원으로 보이게 하는 콩깍지가 벗겨진 것뿐이지만, 한 때 뜨거웠던 사랑이 식어가는 과정은 가슴 아플 수밖에 없다. 그러나 부부관계는 이러한 권태기와 이를 극복하는 과정에서 더욱 단단해지는 법이다. 하이네 식으로 표현하자면 폭풍우가 치는 거친 바다를 함께 헤치고 나온 '전우애'야말로 결혼의 진짜 모습이 아닐까?

● 권태기를 극복하는 비법

결혼 10년 차가 되었는데도 변함없이 애정표현을 하는 후배 부부를 알고 있다. 결혼기념일마다 남편에게 꽃바구니를 받고, 선물을 주고받는 모습을 보면서 은근히 부러웠다. 어느 날 그 후배의 집에 놀러 갔는데 '행복한 우리 부부의 애정표현'이라고 쓰여 있는 액자를 보게 되었다. 내용은 이랬다.

1. 서로 힘들어 하는 모습 보이지 않기
2. 서로 거짓말이나 핑계 대지 않기
3. 다른 이성에게 관심 가지기 않기
4. 잘못하거나 실수해도 인정하기

5. 기념일에 상대 챙겨주기

6. 사랑한다는 말 잊지 않기

7. 서로 아껴주기

8. 기쁠 때 '너 덕분이야!'라고 말해주기

9. 한 걸음씩 양보하기

10. 서로 나은 모습으로 성장하기

11. 있을 때 잘하기

12. 서로의 마음 변하지 않기

13. 약속 꼭 지키기

14. 서로의 마음 상하게 하지 않기

15. 보고플 때 서로 달려와 주기

(이하 중략)

거실에 커다랗게 붙여있던 액자 속의 글귀를 보면서 많은 생각을 하게 되었다. 이들 부부의 변함없는 금슬의 비결은 바로 서로에 대한 첫 마음을 매일 새롭게 되새기는 데 있었던 것이다. 흔히 '인간은 망각의 동물'이라고 한다. 어쩌면 권태기가 오는 것은 팍팍한 일상에 치인 나머지 죽을 만큼 서로를 사랑했던 첫 마음을 잊어버렸기 때문이 아닐까. 그래, 사라진 게 아니라 단지 '잊어버린' 것뿐이다.

나도 시간을 돌릴 수 있다면 이 후배처럼 살고 싶다는 생각이 들었다. 서로 다르게 살아온 생활방식을 인정하고, 적당히 져주기도 하면서 처음 사랑했던 마음을 매일 되새기면서 말이다.

행복을 결정짓는 3대 조건은 '원만한 부부생활, 좋은 친구, 건강'이다. 이 중에 단연 으뜸은 원만한 부부생활일 것이다. 원만한 부부생활만으로도 대부분의 여자는 삶의 80% 이상 만족하며 산다고 한다. 우리가 권태기를 극복해야만 하는 이유는 더욱 분명해졌다. 행복하기 위해서다. 그렇다면 어떻게 해야 권태기를 극복하고 원만한 부부관계를 유지할 수 있을까.

고대 로마인은 여러 신(神)을 믿었다. 그중에는 부부 싸움의 여신이 있었는데, 그녀의 이름은 '비리프라카'다. 비리프라카 여신은 행복한 결혼생활을 할 수 있도록 돕는 일을 한다. 그녀가 부부싸움으로 이혼하려는 사람들을 중재시키는 방법은 단순하다. 비리프라카 여신에게 고할 때 반드시 한 번에 한 명씩 나와 자신의 입장을 밝히도록 하는 것이다. 남편의 이야기가 모두 끝나면 아내가 나와 이야기하는 식이다. 즉, 상대의 말을 끊지 않고 끝까지 듣게 함으로서 상대의 마음과 진심을 저절로 알게 하는 것이다. 이때 비리프라카는 담담히 듣는 역할만 한다. 그 사이 진정한 소통이 이루어진다. 그제야 두 사람의 마음이 조금씩 열리는 것이다.

원만한 부부관계의 첫 번째 키가 여기에 있다. 바로 '듣기'다. '왜 내 마음을 몰라주지?' 불평만 하지 말고, 나부터 남편의 말을 끝까지 귀 기울여 들은 적이 있었는지 생각해보자. 이제부터라도 말하기 위한 대화가 아닌 듣기 위한 대화를 많이 하자.

두 번째 키는 '표현'이다. 배우자에게 관심을 갖고 나의 마음을 표현하자.

"당신은 하품할 때 꼭 손으로 입을 가리는 습관이 있네. 참 보기 좋다. 가끔 보기 싫게 입을 쩍쩍 벌려가며 하품하는 남자들 보면 좀 그렇더라고."

"와, 나랑 같이 저녁 먹고 싶어서 오늘 일찍 들어온 거야? 기분 좋은데?"

사소한 표현이지만, 자신에게 항상 관심을 기울이고 있는 아내에게 은근한 고마움을 느끼게 될 것이다. 일부러라도 하루에 한번은 상대방을 칭찬하고자 노력해보자.

세 번째 키는 '새로움'이다. 색다른 모습으로 자신을 가꿔보자. 다이어트는 세상에서 가장 좋은 성형이라는 말에 반대하는 사람은 없을 것이다. 머리스타일을 과감하게 바꿔보는 것도 좋다.

우연히 인터넷을 하다가 백발이 성성한 노부부가 아무도 없는 놀이터에서 함께 그네를 타고 사이좋게 노는 사진을 본 적이 있다. 이들 부부가 함께 보낸 시간은 족히 50년은 될 듯해 보였다. 그 어마어마한 시간 동안 이들에게는 얼마나 많은 사건과 추억이 있었을 것이며, 수많은 장애물과 권태기를 극복했을 것인가. 잠깐 상상해본 것만으로도 눈시울이 붉어졌다.

문득 김광석의 명곡 〈어느 60대 노부부 이야기〉가 듣고 싶어졌다.

곱고 희던 그 손으로 넥타이를 매어주던 때
어렴풋이 생각나오 여보 그때를 기억하오
막내아들 대학 시험 뜬 눈으로 지내던 밤들
어렴풋이 생각나오 여보 그때를 기억하오
큰 딸아이 결혼식 날 흘리던 눈물방울이 이제는 모두 말라
여보 그 눈물을 기억하오
세월이 흘러감에 흰 머리가 늘어가네
모두가 떠난다고 여보 내 손을 꼭 잡았소
세월은 그렇게 흘러 여기까지 왔는데
인생은 그렇게 흘러 황혼에 기우는데
다시 못 올 그 먼 길을 어찌 혼자가려 하오
여기 날 홀로 두고 여보 왜 한마디 말이 없소
여보 안녕히 잘 가시게

노래 가사처럼 누구에게나 정열적이던 젊음도 서서히 저물 때가 올 것이다. 피 터지게 싸웠던 기억도, 가슴 한 편에 켜켜히 쌓여있었던 미움도. 우리가 이처럼 괴로움을 견디고 권태기를 극복하는 것은 바로 이렇게 아름답게 저물기 위함이 아닐까. 눈가에 생기는 주름만큼이나 늘어나는 추억들이 소중하게 느껴지는 날, 함께 있는 것 자체를 행복해 하면서 늙어가리라. 지금도 시간은 흐르고 있다.

- 배우자의 어떤 모습을 보면 심장이 뛰나요?
- 최근 배우자를 위해 어떤 이벤트를 준비해 보았나요? 그때 배우자의 반응은 어땠나요?

〈 아내라는 이름 〉

02

나는
사랑받고
싶다

∨

○ 헌신하던 그녀, 헌신짝 되다!

어느 날 오래 알고 지낸 동창이 진지하게 털어 놓을 고민이 있다며 날 찾아왔다.

"난 그동안 남편에게 정말 헌신적으로 잘해주려고 했고, 조금 불만이 있어도 참고 살았거든. 나도 사람인데 맘에 안 드는 게 없었겠어? 하고 싶은 일도 뒤로 미루고 꾹꾹 참으면서 남편을 위해 희생했는데……."

그녀는 잠시 생각에 잠기더니 어렵게 말을 이어갔다.

"그이가 글쎄, '매력 없는 당신이랑은 하루도 더 살고 싶은 마음이 없다'면서 이혼을 하자는 거야!"

그 이야기를 듣는 내 가슴이 철렁했다. 이 친구가 그 동안 어떻게 살아왔는지 누구보다 잘 알기 때문이었다. 늘 가정이 최우선인 친구였다. 찾는 옷이 눈에 보이지 않으면 짜증부터 내는 남편에게 군소리 없이 재빨리 챙겨주고, 왜 이렇게 집안 정리가 안 되어 있냐고 잔소리라도 들은 날이면 하루 종일 아무 일도 못하고 정리를 하곤 했다. 남편일이라면 온갖 궂은일을 다 도맡아 할 정도로 헌신적이었다. 한번은 함께 식사를 하자고 만났는데, 남편의 전화를 받더니 얼굴이 어두워지면서 밥도 못 먹고 급하게 집으로 달려간 적도 있었다. 나중에 이유를 듣고 보니 남편이 골프를 치러 가야 하는데 미처 챙겨주지 못해 급하게 집으로 가게 되었다는 것이다.

"내가 지금까지 열심히 살아온 인생이 모두 부정당한 느낌이야. 나는 도대체 그 사람한테 무엇이었을까? 이 사태를 어떻게 해결해야 할지 정말 혼란스러워."

여자들끼리 우스갯소리로 '헌신하면 헌신짝 된다'는 말을 한다. 내 친구가 딱 그런 경우 아닌가. 친구는 충격을 넘어 좌절의 문턱에 들어선 듯 보였다. 눈물을 글썽거리다가 실성한 듯 멍한 표정을 짓는 친구의 모습을 보며 나는 안타까움을 금할 길이 없었다. 일단은 그녀의 마음을 다독이는 것이 급선무였다.

"희진아(가명), 남편이 그냥 하는 이야기일 거야. 그래도 네 남편이 속은 깊잖아. 남편의 속마음은 그게 아닐 거야. 그리고 네가 얼마나 매력적인데……. 부부 사이가 좋지 않을 때는 서로 생각할 시간이 필요해. 너 역시 앞으로 어떻게 남편에게 대해야 할지 생각해 볼 필요가 있어."

나의 위로에 친구는 갑자기 뭔가 깨달은 듯 표정이 돌아왔다.

"네가 그랬지? 늘 자신을 위해 살라고. 하고 싶은 일을 찾아 당당하게 살라고. 자신의 삶이 없으면 남편으로부터 무시당하고, 희생하면서 사는 것을 당연하다고 생각하게 된다고. 내가 지금 딱 그런 상황이 된 것 같아."

그렇게 친구와 헤어지고 난 후 며칠 뒤 전화를 걸어보았다.

"희진아, 별일 없이 잘 지내고 있는 거지?"

"요즘 별거 중이야. 친정집에서 지내고 있어. 생각보다 마음이 편하더라고. 요즘은 헬스장도 다니고 수영도 배워. 이렇게 나 자신을 위해 오롯이 투자해 본 게 얼마만인지 모르겠어."

친구의 목소리는 놀랄 만큼 달라져 있었다. 예전에는 뭔가 주눅 들고, 차분하기만 했던 목소리가 이제는 생기발랄하다는 느낌마저 주었다.

"맞아. 네가 없이 지내봐야 네 남편도 얼마나 소중함을 깨달을 거야. 잘했다, 얘."

"어떻게 알았니? 어제 그이한테 전화가 왔어. 잘못했다고 빨리 돌아와 달래."

이미 상황이 역전된 것이다. 이제 키는 그녀의 것이 되었다.

"그래서, 돌아갈 거야?"

"아니, 이게 얼마 만에 찾은 자유인데! 조금 더 여기에 있어보려고. 그동안 지친 내 몸 관리도 하고, 당당하게 살아가기 위한 마음의 준비도 확실하게 하려고."

"너무 잘됐다. 네가 그동안 남편 뒤만 바라보고 살았으니, 이제는 너만 바라보는 남편으로 만들어봐. 얼마 안 가 분명히 널 찾아와 잘못했다며 싹싹 빌게 될 테니까."

"응, 고마워. 네 말대로 난 이제 매력 있는 여우처럼 살 거야."

● 사랑받고 싶다면? 승자가 되라!

전화를 끊고 잠시 생각에 잠겼다. 참으로 다행이라는 안도감과 함께 진정 소중한 것을 몰랐던 친구 남편의 어리석음에 안타까운 마음이 들었다. 왜 대한민국의 많은 남편들은 소중한 것을 잃고 난 뒤에야 후회를 하는 걸까. 문득, 예전에 인터넷 게시판에서 보았던 〈이혼 2년차 어떤 남편의 고백〉이라는 글이 떠올랐다. 아래 글의 남편은 어쩌면 대다수 대한민국 남편들의 모습일지도 모른다.

아내는 어느 날부터 아예 입을 닫아 버렸다. 투정도 하지 않고, 싸늘하게 나를 대했다. 우리 부모님을 모시는 게 그렇게 불만이냐는 식으로 너 같은 여자와 더 이상 살 수 없다고 했다.
생각만 해도 무섭고 이기적인 여자라고 해버렸다. 내 부모 감정과 형제들 감정만 중요시했지 정작 아내의 감정들은 이해할 수도 없었고, 이해해주지 않는 아내가 미웠다. 난 아내에게 양보하라고만 했다. 하루 이틀, 점점 우리 부부는 멀어져갔다. 그리고 결국 헤어졌다.
사람들은 소중한 걸 잃고 나서야 후회를 한다. 지금에 내가 그런 모양이다. 아내와 헤어진 후, 마음의 이 빈자리는 누구도 대신해줄 수 없었다. 내 부모도 내 형제도 말이다. 부모가 내 인생을 살아주는 것도 아니고, 형제 또한 자신들의 인생을 소중히 여기며 살고 있었고, 단지 난 그들에게 가여운 존재일 뿐 그 누구도 대신해 줄 수 없는 삶을 혼자 견뎌가야만 했다. 좀 더 아내의 입장에서 생각해줄 걸. 내가 좀 더 참아볼 걸 하는 후회가 든다.

난 지금의 남편들이 나처럼 소중한 것을 잃고 난 뒤에 후회하지 않았으면 한다.

모 포털 사이트에서 수많은 중년 부부들의 공감을 얻은 글이다. 위 글 속의 아내는 결국 곪은 상처를 이해해주지 못하는 남편 때문에 이혼이라는 극단적인 결정을 할 수밖에 없었다. 아마도 끝까지 가정을 지키기 위해 참고 참았으리라.

그러나 인간은 누구나 사랑받아야만 살 수 있다. 매끼 식사를 하고, 일정 시간 수면을 취해야 하는 것처럼 사랑과 이해받지 못하는 환경에서는 결국 한계에 도달할 수밖에 없다. 사랑받기 위해서는 먼저 자기 자신이 어떤 상황인지 객관적으로 살펴야 한다. 이미 한계에 다다르진 않았는가. 내가 좋아하는 일을 하고 있는가. 내가 하는 만큼 대우를 받고 있는가. 아내라고 무조건 순종적이어야 하고, 엄마라고 무조건 헌신적이어야 한다는 고정관념을 버리자. 우리도 이미 알고 있지 않은가. 내가 나를 사랑해야 남도 나를 사랑해준다는 것을.

또 하나 명심해야할 것이 있다. 남편들도 가끔 아내에게 확인받고 싶어 한다는 것이다. "나랑 결혼 잘했지? 나 같은 남편 없지?"라며 사랑을 확인한다. 어린아이 같지만, 그 마음을 어루만져줄 수 있는 여유도 필요하다.

'여자는 자신을 예뻐해 주는 사람을 위해 목숨을 바치고, 남자는 자신을 인정해주는(혹은 알아주는) 사람을 위해 목숨을 바친다'고 한다. 그만큼 남편들은 아내에게 인정받는 것을 중요하게 생각한다는 의미다.

언젠가 밤늦게 남편이 야근을 마치고 피곤한 몸으로 집에 돌아온 적이 있었다. 그날따라 왠지 안쓰러워 보이고 눈이 푹 꺼진 게 확 늙어 보였다. 뜬금없이 나는 남편에게 말했다.

"나는 당신 정도면 정말 능력 있다고 생각해. 당신 정도면 훌륭하지!"

오만상을 쓰고 있던 남편의 입에서 "당신 갑자기 왜 이래? 무슨 사고 쳤어?" 이런 종류의 대답이 날아올지언정 위안을 주고 싶었다. 그런데 돌아온 대답은 의외였다.

"고마워."

눈물이 핑 돌았다나? 남자가 목숨 거는 것, 그것은 단순하게도 인정받는 것뿐이다.

남편에게 모든 것을 의지하거나, 무조건 희생하는 아내는 매력이 없다. 모든 것을 쥐고 흔들거나, 조금도 희생하지 않으려는 아내 역시 매력이 없다. 가끔은 집에서 섹시한 옷차림을 하고 무관심한 척하는 아내, 좋아하는 일에 빠져 살기도 하는 아내, 푹 파인 티에 짧은 미니

스커트를 입고 당당하게 외출하려는 아내에게 남편은 매력을 느낀다. 특히, 매력적인 자신을 만들기 위해 노력하는 아내가 남편의 눈에는 예뻐 보일 것이다.

앞서 언급한 내 친구의 남편이 다시 아내에 대한 애정을 되찾은 것과 같은 이유다. 가족을 위해 스스로를 버리고 헌신만 하던 아내가 아니라, 자신을 가꾸고 당당하게 목소리를 낼 줄 아는 아내에게 더욱 매력을 느낄 수밖에 없었던 것이다. 그게 남자다. 남편에게 다시 사랑받고 싶은가? 그런 남자들의 속성을 이해해야 한다. 팝그룹 아바의 노래 중에 'The Winner Takes It All'이란 명곡을 기억하는가. 승자가 모든 것을 가져가는 법! 이제, 사랑을 쟁취해 승자가 될 때다.

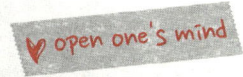

- 평소 나의 어떤 모습을 배우자가 좋아하나요?
- 자랑할 만한 나만의 개성과 강점, 매력은 무엇인가요?

< 아내라는 이름 >

03

일상의 염증,
훌쩍 떠나버리고
싶을 때

∨

○ 누구를 위한 가족여행인가

    한동안 아이를 키우며 여행이라고는 1년에 한 번, 많아야 두 번 정도 갔다. 아이들이 좋아한다는 핑계로 시어른이 가지고 있는 삼포 코레스코 회원권으로 예약하여 가는 게 전부였다. 그렇게 10년을 뚝심 있게 삼포해수욕장만 찾았다.
    교통사정이 좋지 않던 예전에는 가는 길이 10시간이 기본이라, 그 이상이 되면 트렁크에서 텐트를 꺼내 가까운 강가 옆에 텐트를 치고 물고기를 잡아 매운탕을 끓여 먹으며 하루 자고 다시 목적지를 향해

출발했던 기억이 난다.

　그때는 그게 고생이라고 생각하지 않고, 그냥 어디론가 떠나는 그 자체가 행복이었다. 아이들이 어리니 삼포해수욕장에서 마음껏 놀아 줄 수 있어서 좋고, 저녁에는 삼겹살을 구워 배불리 먹어서 좋고, 그렇게 3박 4일을 지내고 오면 온갖 스트레스가 풀리는 듯해서 또 내년 여름을 기약하며 아쉬워하던 여행이었다.

　큰아이가 초등학교 3학년이 되던 해 여름, 생각도 않고 삼포해수욕장으로 휴가를 떠났다. 하루, 이틀을 즐겁게 보냈다고 생각했는데 아이들이 도중에 그냥 집에 가자고 조르기 시작했다. 이유인즉, 이제 바다는 재미가 없다는 것이다. 아이들은 마냥 어리다고만 생각했는데, 그날 이후 성장한 아이들이 부모의 품을 서서히 떠나고 있음을 깨닫게 되었다.

　이후 좋은 기회로 아이들과 미국여행을 가게 되었는데, 늘 가던 습관적인 여행이 아닌 '진짜 여행'을 떠나는 기분이었다. 당시 비행기 안에서 떠오르는 생각과 느낌을 작은 수첩에 메모해 놓은 것이 있는데 지금 읽어봐도 가슴이 두근거린다.

　　이제 곧 뉴욕을 밟게 된다. 우리 아이들과 나는 또 다른 세계를 볼 것이고, 무엇인가 느낄 것이 분명하다. 왜 미국이 세계 강대국이 되었을까.

나중에 안 일이지만, 그들은 그들의 나라 미국을 무척 사랑하고 있으며, 자부심을 느끼고 있었다. 집집마다 미국국가를 걸고 사는 그들의 애국심이 강대국으로 만들지 않았을까 생각해 보았다. 좋은 점들은 배워가야 할 것이다.

다음은 인터넷에서 많은 공감을 받았던 한 아들과 엄마의 카톡 대화다.

아들 : 엄마, 나 오늘 친구들이랑 놀다 올게.
엄마 : 오늘 저녁 같이 먹기로 했잖아.
아들 : 오랜만에 친구 만나기로 했어.
엄마 : 엄마도 같이 가면 안 될까?
아들 : 오긴 뭘 와. 엄마 친구들이랑 놀아.
엄마 : 하, 존나 열심히 키웠는데!

우스갯소리이긴 하나, 가족만을 바라보고 사는 엄마들에게는 언젠가 다가올 씁쓸한 현실이기도 하다. 안타깝게도 많은 주부들이 '여행은 무조건 가족과 함께' 해야 한다는 강박관념에 시달리고 있는 것 같다. 그러나 조금만 다르게 생각해보면 '그것이 과연 나를 위한 진짜 여행일까?' 하는 의문에 도달하게 될 것이다.

● 혼자 떠나본 적이 있는가?

누구나 '아내, 엄마, 며느리'라는 이름을 던져버리고 훌쩍 떠나고 싶을 때가 있다. 남편의 잔소리가 지겹고, 아이가 징징대거나 반항하는 것이 진절머리가 나며, 며느리로서의 의무가 유난히 무겁게 느껴지는 날. 마땅히 떠날 장소도, 떠날 시간도, 돈도 없는데 말이다. 괜히 여행사 사이트에 들어가서 기웃거리다가 계산기 두들겨 보고 달력을 뒤적거리다가 이내 여행 후 밀릴 집안 일, 남편과 아이 밥 걱정으로 이어진다. 사실 아이가 없으면 부담감은 10분의 1로 줄어들지만, 아이가 있으면 발에 족쇄가 채워져 있는 것과 같지 않은가. 이 족쇄는 집과 일정거리 이상 멀어지면 조급증과 불안함이 도져 집으로 재깍 튀어 올 수 있도록 돕는다.

그러나 나이 오십이 넘은 후 여행 작가로 제2의 인생을 시작한 주부가 있다. 《산티아고 가는 길》의 저자 김효선 씨는 자타가 공인하는 장거리 걷기여행의 전문가다. 물론 처음에는 혼자 여행을 다니면서 여러 부정적인 시선에 시달렸던 것이 사실이다.

"'남편이 허락을 하냐'는 질문도 많이 받았고 가끔은 한술 더 떠서 '이혼했느냐'라는 질문도 받았어요. 여자로서 혼자 떠나는 두려움을 감수할 만큼의 아픔과 상처가 있었을 거라 지레짐작하는 거지요. 그러나 '주부가 가족들의 허락이 없으면 절대 먼 여행을 못 떠날 것'이란 생각은, 가족보다 본인 스스로가 그렇게 단정 짓는 것 같아요. 50대 주부가 진정 원하는 것을 찾아 떠나기 위해 결심하고 준비할 때 사랑하는 가족들은 모두 적극적인 후원자가 되어줄 준비가 되어 있답니다."

평범한 주부로, 대도시에 갇혀 살면서 늘 갑갑증에 시달렸다는 그녀는 평소에도 자주 걷곤 했다. 동네를 한 바퀴 도는 것은 물론, 아예 하루를 잡고 서울의 끝과 끝을 도보로 횡단하기도 했다. 산티아고 순례길을 걷기로 결심한 다음부터는 800km에 달하는 대장정을 위해 매일 체력 단련을 게을리하지 않았고, 그렇게 노력하는 모습에 남편과 아이들도 응원을 해주었다고.

여행은 내가 속해 있는 작은 세계에서 잠시 벗어나 더 넓은 세계를 더 멀리 볼 수 있게 해준다. 가족여행을 떠날 때는 남편 뒤치다거리하랴, 아이들 챙기랴 정작 자신을 돌아볼 여유가 없었던 반면, 혼자 떠나는 여행에서는 오롯이 자기 자신만을 생각할 시간을 갖게 된다.

요즘은 나도 혼자 여행을 떠나보고 싶다는 생각을 하곤 한다. 바쁜 삶에 치여 스스로를 돌아볼 여유도 없이 달려온 시간들을 후회하지는 않지만, 그간 수고한 나를 위해 나만을 위한 여행을 선물해주고 싶어서다.

신기한 것은 혼자만의 여행을 꿈꿔보는 것만으로도 가슴이 두근거리고, 행복해진다는 것이었다. 배낭을 메고 솔로비박으로 떠나는 호젓한 산행도 좋고, 간단한 밑반찬을 챙기고 삶을 다독거려주는 좋은 책 한 권과 함께 섬 여행을 가고 싶기도 하다. 일상의 어지럽혔던 감정들을 모두 털어버리기 위해서 외국여행을 꿈꾸기도 한다.

외딴섬, 외딴 나라에서 삶이란 무엇일까를 생각하는 내 모습을 상상하는 것은 그 자체가 흥미롭고, 자신의 삶에 더욱 열정을 가지게 한다. 또 이 세상에 존재하는 아름다운 것들을 뒤로 한 채 너무 억척스럽고 조급하게 살아오진 않았는지 새삼 되돌아보게 된다.

현실에서 여행을 떠날 수 없다면 내 몸과 마음을 달래줄 수 있는 좋은 방법이 있다. 내면으로 여행을 떠나는 것이다. 아는 후배의 강력 추천으로 혜민 스님의 〈마음치유 명상〉을 접하게 되었다. 명상을 한 후, 그 후배가 강력하게 추천한 이유를 깨달을 수 있었다. 가슴에 손을 대고 다음과 같이 나 자신에게 말하는 것이다.

마음아, 참 고맙다.

네가 아프다고 그래도

내가 매일 바쁘다고 핑계 대면서

너를 돌보지도 못했는데

네가 있어 이 생에서 많은 것을 배우는구나.

마음아, 많이 힘들었지?

남들은 모르는 나의 상처가 치유되기를

나만 아는 나의 아픔이 다 치유되기를

그를 용서할 수 있기를

내가 정말로 행복해졌으면 좋겠다.

나의 상처가 정말로 다 치유되면 좋겠다.

나의 아픔들이 다 치유됐으면 좋겠다.

스님의 주옥같은 말씀이 더 많은데, 지면상 많이 싣지는 못했다. 나 또한 강력 추천한다. 내적불행이 있는 사람이든 없는 사람이든 왠지 모르게 눈물이 차오르고, 눈물을 펑펑 쏟고 난 뒤에는 마음이 편안해짐을 느낄 것이다.

언제가 떠나게 될 나만의 여행계획을 세워보는 것만으로도 좋다.

오롯이 나를 위로하고, 아픔들을 치유할 수 있는 여행을 계획하자. 그것만으로도 내 마음에 큰 위로가 될 것이다.

 open one's mind

- 혼자만의 여행을 가본 적이 있나요?
- 혼자만 떠나게 될 기회가 주어진다면 어디로 가고 싶은가요?

< 아내라는 이름 >

04

나의 스펙,
남편을 위한
장신구였나!

∨

◉ 여자의 스펙에 대한 몇 가지 생각들

오랜만에 학부모 모임에 참석하기 위해 지하철을 탔다. 한가한 평일 낮 시간이라 그런지 조용한 편이었다. 바로 옆에 20대로 보이는 여자 셋이 열심히 수다를 떨고 있었는데, 나도 모르게 이야기를 듣게 되었다. 특히 남자들의 스펙에 관한 이야기가 하도 흥미진진해서 귀를 쫑긋 세워 들어보았다.

그중에 제일 예쁘게 생긴 여자가 얼굴만큼 예쁘고 깜찍한 목소리로 말했다.

"남자의 스펙이 연봉이라면 무조건 여자의 스펙은 외모야. 나처럼 1,000만 원만 투자해 봐. 연봉 6,000만 원 받는 남자들이 몰려온다니까."

'1,000만 원이나 들여서 성형수술을 했나?' 생각하며 쳐다보았다. 강남 성형외과 의사를 '의느님'이라고 부른다더니, 그 여자는 연예인 부럽지 않을 정도로 예뻤다.

다른 친구가 이어 말한다.

"꼭 그렇지도 않아. 요즘 세상에 외모 하나 가지고는 절대로 경쟁력이 안 돼. 예쁜데 스펙이 꽝이면 남자들한테 무시당한다고."

그렇게 말하자 또 다른 친구가 말을 이었다.

"맞아, 학벌이 안 좋거나 내세울 스펙 하나 없으면 남자들은 노골적으로 스펙 있는 여자를 찾아 떠나더라. 스펙이 좋은 여자한테 호감 간다는 말을 여러 명 남자들한테 직접 들었었어. 잘 아는 남자친구가 고백하는데 들어보니, 미스코리아에 안 나가면 이상할 정도로 청순하고 지적인 느낌을 가진 여자를 알고 지냈는데 최종학력이 고졸이더래. 그래서 결국 결혼은 스펙 있는 여자랑 하게 됐다는 거야. 남자들은 웃겨. 여자의 외모는 기본이고, 스펙도 좋아야 하니 능력 있는 남자랑 결혼하기는 점점 힘들겠어. 아무리 예뻐도 전문대 나오고 집안이 별로면 좋은 남자 만나기 힘든 시대야."

그녀들의 이야기를 계속 듣고 싶었지만, 아쉽게도 강남역에 도착하여 급히 내려야 했다. 문득 '결혼할 때 내 스펙은 어땠지?' 하고 돌이켜 생각해보게 되었다. 어려운 친정 살림에 우겨 대학을 겨우 갈 수 있었고, 졸업한 후 대기업에 바로 입사하여 사회생활을 하면서 열심히 일해 받은 월급의 90%를 저축했다. 힘든 현실에 좌절하기보다는 행복한 미래를 꿈꾸었던 기억들이 새삼 미소를 짓게 만든다. 어려운 환경에 '굳세어라!'를 외치면서 동생들 뒷바라지했던 시절도 다 지나고 보니 추억이 되었다. 이럴 줄 알았으면 결혼 전에 청춘을 더 만끽하며 보낼 걸, 하는 아쉬움이 들기도 한다.

그러나 그때 내가 쌓았던 스펙은 결혼 후에 쌓은 성과와 비교하면 아무것도 아니다. 진짜 스펙 쌓기는 결혼을 하고 나서부터 시작되었기 때문이다.

⊙ 결혼 후에 쌓는 스펙은 삶의 원동력

나는 어눌한 유아기를 거쳐 어려운 가정환경에서 자랐기 때문에 배움에 대한 갈망이 항상 마음속에 컸다. 누구나 결혼 전 콤플렉스는 있겠지만, 결혼을 하고 난 후에도 남편에게조차 나의 유아기와 청소년기를 자유롭게 이야기할 수 없었다. 혹시 나의 치부를 드러내면 남편으로부터 언젠가는 무시당하게 되지 않을까 하는 염려가 있었던 것 같다. 즉, 나 역시 스펙에 엄청나게 신경 쓰고 있었던 셈이다.

그러나 내게 지하철의 그 아가씨들과 다른 점이 있다면, 스펙이 결혼을 위한 도구가 아니라 결혼한 후에 나 자신을 더욱 성장시키기 위한 원동력으로 삼았다는 점이다. 나는 아이가 초등학교에 들어가고 나서부터 전문가로서의 스펙을 쌓고자 대학에 다시 입학했다. '왕언니'라고 불리며, 잘 돌아가지도 않는 머리를 싸매고 열심히 야간대학을 다녔다. 밤늦은 시간에 지하철역 앞에서 기다리던 두 아이들에게는 정말 미안했지만, 돌이켜봐도 참 잘한 선택이었다고 생각한다. 남편과 아이들의 눈치 때문에 중간에 포기했다면 지금의 석사나 박사과정이라는 타이틀은 절대 얻지 못했을 테니 말이다.

하는 일이 유아교육 관련 일이다 보니, 뒤늦게 학교에 들어가 유아교육을 더 심도 있게 공부해 나갔다. 우여곡절 끝에 대학을 졸업할 수 있었는데, 그 보람은 어떤 말로도 표현할 수 없을 정도로 컸다. 거기서 얻은 자신감과 성취감이 내가 하는 일에도 영향을 주었음은 물론이다.

소기의 목적을 이룬 뒤에도 나의 스펙 쌓기에 대한 열망은 식지 않았다. 처음에는 내 콤플렉스를 커버하기 위해서였고, 남편에게 잘 보이기 위해서였다면, 그 다음은 순수하게 내 자신을 위한 공부를 계속하였다. 공부를 해서 학위를 따고, 더 많은 인맥을 만드는 일은 그 누구도 아닌 나 자신을 위한 일이었다. 내가 하고자 하는 일에 나이는 아무런 장애가 되지 않았다. 지금 돌이켜봐도 스펙 쌓기를 한 것은 참으로 현명한 판단이며 참으로 다행스러운 일이었다. 늦으면 늦을수록 불가능해지는 것들이 얼마나 많은가.

당시 아이들을 키우며 워킹맘으로 살아가던 시절이었고, 경제적으로 여유 있는 것이 아니었기 때문에 더욱 어려운 결정이었다. 특히 남편은 늦은 나이에 무슨 공부를 하냐며 아내로서 엄마로서의 역할을 소홀히 할까봐 걱정했다. 그만두라고 반 협박당하는 입장이라 학교에서 늦은 밤에 돌아와서는 남편이 잠든 사이를 틈 타 리포트를 쓰고, 시험공부를 하곤 했었다.

악바리같이 공부하는 나를 보면서 큰아들은 도저히 이해할 수 없다는 듯, 엄마는 공부가 그렇게 재미있고 좋으냐고 간혹 물어보기도 했다. 엄마 또래의 친구가 학교에 또 있냐며 의아한 표정으로 묻기도 했었다. 어린 나이에 아마도 공부는 형이나 누나 정도의 나이까지만 하는 것이라 생각했었던 것 같다.

나는 가끔 나름 잘나가는 강남 엄마들에게 부럽다는 말을 듣는다. 워킹맘인 나보다 더 바쁘게 살고 있는 그녀들은 요일별로 모임이 있고, 호화로운 취미생활을 누린다. 처음에는 내가 뭐가 그리 잘나서 부러워할까 싶어, 그냥 하는 소리려니 대수롭지 않게 들어 넘겼다. 하지만 자주 만나 이야기를 나누다 보니 그게 아니었다.

나이 들어서도 즐겁게 전문직의 일을 한다는 것과 늘 스펙을 쌓기 위해 열정적으로 공부하는 모습은 그녀들이 원한다고 가질 수 있는게 아니었던 것이다. 반대로 나는 내가 가지지 못한 많은 것들을 누리고 살아가는 그녀들을 보면, 나 또한 그녀들이 엄청 부러울 때가 많은 것이 솔직한 심정이다.

완벽한 사람이 어디 있으랴. 욕심이 과한 자신을 탓하며 '내 분수에 맞게 살아야지' 하고 다짐하면서 오늘은 남편과 타인에게 보여주는 스펙이 아닌 자신을 위해 노력하며 살아가는 내 자신에게 박수를 보낸다.

미래를 내다보며 노력하는 자에게는 신이 달콤한 열매를 선물해 준다는 것을 잊지 않기 바란다. 결혼을 하고 나서 아내로 엄마로 사는 것은 늘 고단하고 바쁘다. 하지만 모든 상황을 합리화시키며 스펙 쌓기를 게을리하거나 멈추어 버린다면 당신만의 온전한 매력은 점점 식어갈 것이다.

반복되는 일상생활 속에서 안주하는 한 결코 변화는 찾아오지 않는 법. 독이 될 수 있는 편안함에 안주하지 말고, 새로운 내가 될 수 있는 돌파구를 찾아보자. 남에게 보이기 위한 스펙이 아니라 나 자신을 위해 스펙을 추구하는 삶. 그것이야말로 가장 지혜로운 삶의 고수가 아니겠는가.

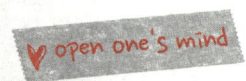

- 당신에게 콤플렉스가 있었다면 무엇인가요?
- 자신을 위해 스펙을 쌓으려고 무엇을 노력했나요?

< 아내라는 이름 >

05

결혼 후, 아름다운 딴짓을 꿈꾸다

▼

● 다람쥐, 쳇바퀴에서 스스로 나오다

결혼 후 몇 년간 전업주부로 살았던 때가 있었다. 처음에는 살림하고, 집을 예쁘게 꾸미는 것이 재미있었지만, 한편으론 타지에서 의지해야 할 사람이 남편 단 한 사람뿐이었으므로 외롭고 힘들었다.

결혼 전 직장을 다니며 직장 동료들과 대화도 나누고, 주말이 되면 친구들을 만나 스트레스를 날리곤 했던 자유로운 시절이 그립기만 했다. 갑자기 아무도 내 곁에 없다고 생각하니 무섭고 두려워 울기도 많이 울었다. 시댁 식구들, 남편 친구들, 동네 어르신들 모두가 낯설었고, 그들은 모두 남편을 위한 지원군처럼 보였다. 그나마 전화로 위로해 주었던 친구들마저 하나둘 결혼하게 되니, 하루하루가 한 달처럼 길게 느껴지면서 외톨이가 되어가는 기분이었다.

그도 그럴 것이 당시 나의 생활은 밥 짓고, 청소하고, 빨래하고, 장보기의 연속이었다. 오죽하면 '나는 무일푼 종신계약 파출부인가?' 하는 생각마저 들었다. 1분 1초를 아까워하며 아등바등 살았던 청춘이 결혼이란 굴레에 갇혀버린 것이다.

하루 종일 집안일을 하며 남편이 돌아오기만을 손꼽아 기다린 아내의 마음을 남편이라도 헤아려줬다면 좋았겠지만, 가부장적인 남편에게서 그런 세심함은 기대할 수 없었다.

오늘 하루는 어떻게 보냈는지 이야기도 나누고, 투정도 받아주고, 위로도 해주며 알콩달콩 만들어가는 하루하루. 나뿐만 아니라 대부분의 여자들은 이렇게 소박하고 행복한 결혼생활을 꿈꾸지만 그것이 단지 이상일 뿐이라는 것을 머지않아 깨닫게 된다.

서로 사랑하고 가깝다고 느끼면서도 세월이 흐르니 남편과의 관계도 소원해지고 별일 아닌 일에도 다툼이 생겼다. 그러다가도 시간이 흐르면 또 언제 그랬냐는 듯이 생활에 익숙해져갔다. 그렇게 다람쥐 쳇바퀴 돌 듯 살다보니 외로움은 날로 커져갔다. 인생의 마지막 사랑인 남편을 만나 고민 끝에 선택한 행복한 구속이건만, 이대로 내 인생을 마치기에는 아깝다는 생각이 들었다. 지루한 생활이 반복되던 어느 날, 문득 허공을 바라보며 결심했다.

'그래, 나 스스로 서프라이즈한 일들을 만들어 나가자!'

아무리 기다려도 새로운 돌파구가 생기지 않는다면, 내가 만들자고 결심한 것이다. 거짓말처럼 한동안 멈춰있던 심장이 마구 꿈틀거리기 시작했다. 그렇게 나의 '딴짓'이 시작되었다.

옛 어르신들이 30대는 정말 눈코 뜰 새 없이 빨리 지나간다고들 한다. 인생에서 가장 왕성하게 활동하는 시기이기 때문일 것이다. 그랬다. 살아보니 정말 그랬다.

그렇게 방황하던 시간들로부터 딴짓을 꿈꾸던 어느 날, 나는 예전부터 하고 싶었던 교육 사업을 시작했다. 점점 바빠지자 쓸데없는 근심들이 서서히 없어지기 시작했다. 그리고 그동안 쌓여있던 원초적인 욕망들이 유쾌하고 긍정적인 에너지로 바뀌어갔다.

그렇다고 모든 아내들이 워킹맘이 되어야 한다는 이야기는 결코 아니다. 워킹맘들의 고충 역시 많다. 아이들의 육아 문제가 가장 큰 고충이고, 일과 살림을 완벽히 해야 한다는 중압감으로 심신이 지쳐 나만을 위한 시간을 도저히 가질 수 없다는 것이 그 다음의 고충이다. 하지만 워킹맘이더라도 주말에는 아이를 남편 몫으로 돌리는 등의 비상한 전략들로 계획을 꼼꼼히 세운다면 얼마든지 딴짓할 기회를 만들 수 있다. 솔직히 말하면 치밀한 계획이 없더라도 일을 저지르고 보면 방법은 늘 생기기 마련이라고 이야기해 주고 싶다.

그러나 명심하자. '딴짓'을 하되 '아름다운 딴짓'을 해야 한다는 것을. 소수이기는 하지만, 남편과의 관계가 소원해지면서 여자도 긍정적인 딴짓이 아닌 위험한 딴짓을 상상하는 경우가 있다.

어떤 남자가 기분 좋게 한잔하고 밤늦게 집에 들어왔다. 가정부가 문을 열어주더니 남자에게 속삭이듯이 말했다.
"사모님이 보시기 전에 얼른 셔츠 벗으세요. 셔츠에 립스틱 자국이 묻었어요."
"아내에게 절대 말하면 안 돼! 비밀이야."
"걱정 마세요. 제 입이 얼마나 무거운데요. 사모님의 남자에 관해 사장님께 말씀드린 적 한 번도 없잖아요."

이렇게 위험한 딴짓을 상상하는 경우는 자식 다 키우고 혼자 있는 시간이 많아지면서 허무함을 느낄 때, 사회 생활하는 남편이 자주 늦게 들어와서 외로운 밤이 많아질 때, 친구들 모임에 나가 남자친구나 애인 이야기를 들었을 때, 대화할 상대가 그리워질 때, 결혼 후 점점 남편이 자신에게 소홀해지고 있다고 느꼈을 때, 첫사랑이 생각날 때, 남편 외에 이성에 대한 호기심이 생길 때 등이다. 열거해 보니 참 많다. 그러나 이와 같은 상황의 공통점은 모두 일시적이라는 점이다. 충동적으로 저질렀다가 진짜 소중한 가족을 잃게 되는 것을 바라는 아내는 아무도 없을 것이다. 순간의 어리석음으로 이제까지 쌓아왔던 공든 탑을 무너뜨리는 실수는 하지 말자.

◉ 내 인생의 아름다운 딴짓을 하라

언젠가 명절연휴에 TV에서 특집드라마를 본 적이 있다. 〈주부 김광자의 제3활동〉이라는 단막극이었는데 아무 생각 없이 보기 시작해서 나중에는 눈물을 줄줄 흘리며 공감했던 기억이 난다.

가족밖에 모르는 평범한 주부 김광자는 자신의 생일조차 알아주지 않는 남편과 딸로 인해 삶에 회의를 느낀다. 그러다 우연히 듣게 된 꽃미남 아이돌 가수의 노래에 위로를 받게 되고, 그때부터 가족들 몰래 팬클럽 활동을 시작하게 된다. 살림과 내조 외에는 아무것도 몰랐던 40대 주부 김광자는 팬클럽에서 인정받고 좋아하는 가수의 눈에 들기 위해 일부러 컴퓨터 사용법을 배우고, 오래전에 손을 놨던 그림을 그리기 시작한다. 나의 눈을 사로잡았던 것은 일상에 매몰되어

관성적으로 살림만 하던 한 주부가 자그마한 일탈을 시작한 것만으로도 마치 꽃처럼 활짝 피어나던 모습이었다.

주부라고 해서 아이돌 가수를 좋아하면 안 되는 법도, 미니스커트나 핫팬츠를 입으면 안 되는 법도 없다. 즉, 우리는 얼마든지 일탈을 할 만한 자격이 있다. 그만큼 열심히 살아왔기 때문이다.
약간의 경제적, 시간적 여유가 허락된다면 평소 하고 싶었던 일이나 취미, 긍정적인 딴짓으로 기분을 전환해보길 바란다. 생각에만 잠겨 아무 일도 못하거나, 나는 이미 늦었다고 생각하거나, 할 수 있는 것이 아무것도 없다고 생각하는 30대, 40대가 되어서는 절대 안 된다.

무궁무진한 자신의 장점을 발산시켜 탁월함과 자신감으로 외로움을 스스로 잠재우자. 인생은 자기와의 싸움이며, 외로움은 남편이 씻어주는 것이 아니라는 점을 명심했으면 한다. 남편이 나의 행복과 기분을 좌지우지한다면, 평생 의존적이고 수동적인 삶을 살 수밖에 없다. 누구와 결혼했는지도 물론 중요하지만, 상황을 받아들이고 만들어가는 나의 태도도 중요한 것이다.
여성들이여, 이제 아름다운 딴짓을 하자. 당신이 남편만 바라본다면 그는 고개를 돌리지만, 다른 곳을 바라본다면 남편은 당신을 응시하게 된다. 내가 행복해지고, 남편을 사로잡을 수 있는 자그마한 일탈, 이제부터 시작이다.

open one's mind

- 걱정거리 리스트를 만들어 우선순위로 지워나가 보세요.
- 건설적인 딴짓 리스트를 만들어 우선순위로 실행해 보세요.

〈 아내라는 이름 〉

06

고쳐지지 않는
악습관에 대하여

∨

● 모든 문제가 남편에게만 있는 것은 아니다

　한 결혼정보회사에서 676명의 미혼 남녀를 대상으로 배우자감으로 원하는 습관에 대해 조사한 결과가 있다. 남성은 여성 배우자에게 경제관념/씀씀이, 약속 지키기, 식사습관, 언어습관, 술버릇 순으로 꼽았고, 여성은 남성 배우자에게 술버릇, 약속 지키기, 경제관념/씀씀이, 언어습관, 식사습관 순으로 꼽았다고 한다.
　특히 예비 신랑들이 결혼 전에 버려야 할 습관들을 보면 다음과 같다.

1위 습관적인 거짓말

2위 주사 / 술버릇

3위 게으름

4위 지저분한 습관

5위 사치하는 습관

'술, 도박, 바람'과 연관된 남편을 최악으로 꼽는데 이 3가지를 동시에 하는 경우도 있고, 여기에 '시월드의 극성'과 '무능력'이라는 무시무시한 무기를 장착하고 있는 경우도 있다. 물론 이런 사람들은 소수다. 그러나 멀쩡하다가도 주사를 부리거나, 화가 나면 폭언을 퍼붓거나, 남자라는 것이 특권이라도 되는 양 아내를 무시하고, 자기의 나쁜 생활습관은 전혀 고치려 하지 않는 남편들은 많다.

이 때문에 오랜 기간 고통을 겪다가 결국 '이혼'이라는 극단적인 선택을 하는 경우가 점점 늘고 있다. 불행한 결혼생활을 하고 있는 여자들의 얼굴을 보면 그늘이 있다. 웃음을 잃고 의욕을 잃으면서 인생 자체가 무기력해지는 것이다. 몸과 마음에 병이 들면 성격도 변한다.

극단적인 경우라면, 자존심 상해가며 고만고만한 생각을 가진 친구들에게 자문을 구하는 것보다는 부부클리닉의 문을 두드리는 것을 권한다. 기적적으로 상황이 바뀌는 경우도 있겠지만 어설프게 맞불작전을 펼치다가는 막장 드라마 한편을 찍을 가능성도 무시할 수 없기 때문이다.

우리 부부도 한때 부부클리닉을 다녔다. 당연히 내게 문제가 있다고는 생각지 않았다. 결혼생활이 행복하지 않았기에 뭔가 돌파구가 필요하다고 판단했던 시기였다. 대부분의 남자들은 자존심 때문에 부부클리닉에 가는 걸 꺼리기 때문에 이렇게 아이 어르듯 유도했다.

"나한테 문제가 있는 것 같으니 함께 부부클리닉을 다녀보자. 내가 무슨 문제가 있는 건지 난 도무지 모르겠어. 가서 물어보고, 문제점이 있으면 하나씩 나부터 바꿀게."

부부 적응도 검사, 결혼상태 평가 질문지, BDI, 문장 완성검사, 모즐리 강박 척도, 정서적인 욕구 검사, 뇌의 주요 영역에서의 체크리스트, 다면적 인성검사, MBTI 성격유형검사 등 많은 검사내용을 토대로 뒤늦게 나 자신과 남편에 대해 알아가기 시작했다. 그 결과는 참으로 놀라웠다. 처음으로 이 불행한 결혼생활의 원인이 나에게도 있음을 인정하게 된 것이다. 서로 서운하고 속상했던 과거들, 가슴 아팠던 기억들을 표출하면서 치유해갔다.

한국 평균 수명은 80세를 넘어 100세 시대를 달려가고 있다. 30세에 결혼하면 앞으로 70년을 동고동락해야 하는 것이다. 한 인류학자의 주장에 의하면 '결혼(일부일처제)'이라는 제도는 인간 수명이 50세 미만일 때 정해진 제도라고 한다. 고로 100세 시대에 이 제도를 유지한다는 것은 인간에게 가히 고문에 가까운 일이라는 것이다. 이 학자의 냉철한 분석에 고개가 끄덕여지는 것은 나뿐만은 아닐 것이다. 매일 얼굴을 보고 살면서 자주 부딪치게 되는 부부라면 더더욱 그럴 것이다. 한 뱃속에서 태어나 20년을 같이 자란 형제, 자매와도 마음이 안 맞아 싸울 때가 많은데, 아무리 사랑으로 엮어진 관계라지만 마음이 맞지 않을 때가 많은 것은 당연하다.

그러나 우리가 했던 '사랑의 서약'이 결코 가벼운 무게가 아님을 알기에 매일 마음을 다잡으며 꾹꾹 참고 '오늘도 무사히'를 외치는 것이다. 나 또한 마찬가지다. 필사적이라 할 만큼 결혼생활을 원만하게 풀어나가기 위해 많은 노력을 했다. 부부클리닉을 다닌 것도 같은 이유에서였다. 상담을 받으며 서로 원하는 것이 무엇인지 알게 되고 '이 사람은 원래 성향이 이렇다'라는 것을 이해하면서 오해의 폭이 좁아지기 시작했다. '칭찬은 고래를 춤추게 한다'는 말처럼 서로 칭찬하고 서로의 말을 수용하면서 타협점을 찾게 된 것이다.

⊙ 현명한 아내는 태양과 같다

사소하지만 신경을 건드리는 악습관들도 있다. 퇴근 후 양말을 돌돌 말아 아무 곳에나 벗어두거나, 변기를 더럽게 쓴다든가, 옷을 뒤집어 여기저기 던져버리든가, 반찬 투정을 부리는 등 아내 몇 명이 모여 남편들의 악습관들을 열거해 본다면 밤을 새워도 시간이 부족할지 모른다. 작은 것 하나만 보면 부부 사이에 관대하게 넘어갈 수도 있는 일이 아닌가 싶겠지만, 매일 반복되는 남편의 악습관은 아내의 정신건강을 피폐하게 만든다.

얼마 전 아는 지인과 마트를 함께 간 적이 있다. 더러워 죽겠다고 종종 흉을 보더니 요즘 남편이 바뀌었다며 마트에 온 사람들의 눈치도 아랑곳하지 않고 큰 소리로 자랑을 하는 것이 아닌가.

"제가 지난번에 이야기했죠? 저희 신랑 책상 말이에요. 코 푼 것, 발톱 자른 것, 귀 후빈 면봉까지 매일 책상 위가 쓰레기로 가득했다고요. 아무리 잔소리해도 바뀌지는 않고 그래서 고민하다가 미니 휴지통 하나를 사서 책상 위에 놓아주었더니만 정말 언제 그랬냐는 듯이 나아지더라고요."

그녀는 몇 푼 되지 않는 미니 휴지통의 위력이 그렇게 강한지는 처음 알았다고 했다. 매일 잔소리를 거듭하는 것보다 남편의 입장에서 고칠 수 있도록 도움을 주는 편이 훨씬 빠른 방법이라는 것을 깨달은 것이다.

"현실적으로 변하지 않는 남편의 습관을 예쁜 말로 설득하고 칭찬해 주면서 바꾼다는 것은 정말 인내가 필요한 것 같아요. 그래서 저는 나만의 방식으로 남편의 악습관을 하나씩 천천히 바꿔나가기로 했어요."

그녀는 무척 만족하는 표정으로 앞으로 더 바꿀 수 있는 새로운 방법을 고민하고 있다는 것을 느낄 수 있었다.

우화 중에 〈해와 바람〉을 아는가. 해와 바람이 지나가는 나그네의 외투를 벗기기 위해 내기하는 내용이다. 혹독하고 거센 바람이 아니라 따뜻한 햇볕이 이긴다는, 부드러움이 강한 것을 이긴다는 교훈을 준다.

이 이야기에 우리는 '나그네'를 '남편'으로 대치하기만 하면 된다. 남편에게 카리스마 넘치는 지시나 강요로 뭔가를 얻어낼 수 있으리라고는 기대하지도 말 것. "옆집 똘이 아빠는 벌써 부장 승진이라는데, 자기는 언제까지 과장이야?" 식의 비교는 더욱 금물이다. 따사로운 햇볕과 같이 어루만져 주어야 우리의 남편들은 아주 조금씩이나

마 변할 수 있다. 아내들이여, 우리 세상에서 가장 따사로운 태양이 되자!

- 서로의 약습관에 대하여 생각해 봅시다.
- 약습관을 고치기 위해 어떤 노력이 필요할까요?

< 아내라는 이름 >

07
비교하지 마,
나도 예쁘니까!

∨

● 한 남자에게만큼은 예쁜 여자이고 싶다

언젠가 인터넷을 보다가 우연히 어느 게시판에서 고민글을 보게 되었다. 제목은 '남편에게 예쁘다는 말을 듣고 싶어요' 였다. 어느 정도 기에 세상에 하나뿐인 남편도 예쁘다는 말을 안 해주는 걸까, 궁금한 마음에 클릭하게 되었다.

이제 막 결혼한 신혼부부입니다. 선을 봐서 결혼했고, 남편은 참 좋은 사람이에요. 연애 때부터 지금까지 한결같이 저를 아끼고 배려해줍니다. 직장도 성실히 다니고, 저희 친정 부모님께도 예의바르게 잘하고, 정말 흠잡을 데가 없어요. 딱 한 가지를 빼놓고요.
그 한 가지 때문에 저는 자존심이 바닥까지 떨어졌답니다. 이 사람이랑 평생을 살 수 있을까 싶을 정도로요. 그 문제가 뭐냐면 절대로 나한테 예쁘다는 얘기를 안 한다는 겁니다. 알아요. 저도 제가 엄청난 미인이 아니란 것쯤은 압니다. 하지만 나름 청순하고 단아한 외모라는 얘기도 많이 들었고, 그 전의 남자친구들은 항상 절 예쁘다고 해줬거든요. 세상 모든 사람들이 아니라고 해도 단 한 사람, 남편만큼은 절 예뻐해야 하는 것 아닌가요?
연애할 때부터 내가 어디가 좋냐는 질문에 참으로 올곧이 '성격'이라고 대답하던 남편. 정말 치사하지만, 예쁘다고 말 한 마디 해주면 덧나냐고 심통이라도 부리면 '원래 그런 말 잘 못하는 성격'이라고 얼버무립니다. 이 사람 좋아하는 취향을 보면 현아나 구하라처럼 이목구비가 큼직큼직한 화려한 미녀인 것 같아요. 남편한테 예쁘다는 얘기 한 마디 들으려면 성형수술이라도 해야 하는 걸까요?

말 한 마디에 천 냥 빚도 갚는다는데, 말 한 마디로 모든 공을 다 잃어버리는 어리석은 남편이라는 생각이 들었다. 아내가 그렇게 듣고 싶어 하는데 그 한 마디를 못해줄까. 표현에 서툰 남자들을 자주 본다. 마음에 없어도 상황에 따라 지어내서라도 하는 남자도 있고, 맘에 있는 말조차도 제대로 표현 못하는 남자도 있다. 그런 남자가 내 남편이라면? 상상만 해도 복장이 터진다.

　남편에게 '예쁘다'는 이야기를 듣고 싶은 아내의 마음은 백 번 이해가 간다. 그러나 그런 남편과 살고 있다면 '말만이라도 예쁘다고 해 줘'라는 식의 오기는 포기하자. 속으로는 그렇게 생각하지 않는데 거짓말로 들어봤자 기분이 좋을 리가 없다. 대신 내가 나를 예쁘다고 생각하면 된다. 남편은 취향이 독특할 뿐이다. 세상에 나 같은 미녀를 몰라보다니 말이다.

　문제는 스스로를 진심으로 예쁘다고 생각하며 사랑해 주는 게 생각보다 쉽지 않다는 것이다. 내가 나를 진심으로 아름답다고 생각하지 않는데, 타인이 예쁘게 봐주기를 요구하는 건 욕심이 아닐까. 이를 흔히 '자존감'이라는 용어로 설명하기도 하는데, 자존감이 강한 여성은 누가 뭐래도 자신이 아름답다고 생각한다.

　미국의 팝가수 레이디 가가를 보면서 그런 생각이 들었다. 처음에는 괴기스러울 정도로 과한 화장과 의상에 거부감이 들기도 했다. 그러나 그녀의 패션에는 나름대로의 철학과 가치관이 숨어있고, 남의 시선을 전혀 의식하지 않고 이를 표현할 수 있을 정도로 자신감이 충만해 있다는 걸 알게 되었다. 더 이상 그녀가 괴기스럽지 않았다. 오히려 멋지고 아름다워 보인 것은 물론이다. 그녀는 발가벗고 있어도 부끄러워 하지 않는다. 자신의 몸이 얼마나 아름다운지 잘 알고 있기 때문이다. 그러나 대부분의 사람들은 남의 시선을 의식하지 않을 수 없다. 누군가가 아름답다고 해줘야만 아름다운 것이라고 생각한다.

● 그럼에도 불구하고 우리가 변신해야 하는 이유

위의 사례는 그래도 양반이다. 오히려 아내를 세상의 모든 예쁜 여자들과 비교하면서 구박하는 남편도 있다는 얘기를 듣고 어안이 벙벙했던 적도 있다. 모 케이블 TV에서 성형수술로 외모를 바꿔주는 프로그램이었는데, 그날 주인공은 남편으로부터 "돼지", "창피해서 같이 다닐 수가 없다"는 식의 인격모독적인 말을 듣고 사는 뚱뚱한 주부였다. 문제는 아내에게도 있어 보였다. 남편의 과한 공격이 모두 자기 때문이라고 생각하면서도(사실은 아니지만) 전혀 살을 뺄 의지도 의욕도 없어 보였다. 마음먹고 스스로 변해보려는 노력을 하기는커녕 모든 것을 방송 프로그램의 전문가들에게 의존하려는 모습이 안타까웠다.

사실 정도의 차이일 뿐, 많은 주부들이 출산 후 이러한 딜레마에서 벗어나지 못하고 있다. 아이를 낳고, 육아에 전념하다보면 아무래도 결혼 전의 아름다운 외모를 되찾기는 어려운 것이 현실. 상황이 이렇다보니, 스스로도 자신감이 떨어지고 남편이 조금만 소홀해도 자신의 외모 때문에 그러는 것 같아 서러움이 커지는 악순환이 계속된다. 물론, 아이를 낳고 난 후 나이에 맞게 '엄마의 몸매'를 갖게 된 자신을 사랑하고, 더욱 충만한 자신감으로 살아가는 여성도 있다. 그러나 대부분은 자신을 위해 운동할 시간조차 내기 힘든 현실을 탓하며, 못마땅한 몸매에 대한 자괴감만 쌓아올릴 뿐이다.

몸짱 아줌마로 유명한 정다연 씨 또한 두 아이를 낳은 후 체중이 78kg까지 늘어나 외모 콤플렉스로 우울증에 시달렸다고 한다. 그런데 영화 주인공과 자신의 몸매를 비교하는 남편의 얘기에 자극을 받고 독하게 다이어트를 결심한 결과 30kg 감량에 성공했고, 최근에는 관련 사업으로 1,000억 매출을 달성해 화제가 되기도 했다.

본인의 몸은 생각지도 않고 시시때때로 유명 연예인과 아내를 비교하는 남편도 꼴불견이지만 그렇다고 금세 의기소침해져 '난 이제 끝났어' 하고 좌절하는 것은 바람직하지 않다. 결국, 자신을 바꿀 수 있는 사람은 그 누구도 아닌 자기 자신이라는 것을 알아야 한다. 남이 예쁘다고 해준다고 해서 진짜로 예뻐지는 것이 아니다. 잠시 기분이 좋아질 뿐, 이는 일시적인 것이다. 마찬가지로 누군가 '너는 못생겼다고 해서 실제로 내가 못생겨지는 것은 아니다. 내가 스스로 예쁘다고 생각한다면 그런 인신공격쯤은 아무렇지 않게 튕겨낼 수 있을 것이다.

고로 당신이 할 일은 한 가지다. 거울을 보고 내가 나를 아름답다고 생각할 수 있을 때까지 할 수 있는 모든 노력을 다하자. 다이어트도 좋고, 성형수술도 좋고, 비싼 관리를 받는 것도 좋다. 몸짱 아줌마 정다연 씨가 좋은 예다. 그녀는 스스로가 만족하는 몸매를 얻었고, 많은 주부들에게 동기부여를 시켜주는데도 기여했다.

그러나 진정으로 자신이 흡족하려면 외모만 가꾸는 것으로는 부족할 것이다. 나의 경우 그랬다. 하프마라톤에 도전해 성공했을 때, 마흔이 넘어 처음으로 미니스커트를 입어보는 용기를 냈을 때, 자격증 50개 따기에 성공했을 때 등. 내가 자신을 진짜 예쁘다고 생각했을 때는 바로 그런 때였다.

자, 이제 거울 속의 나를 한 번 찬찬히 들여다보자. 그 안에 있는 나 자신과 정직하게 마주하는 시간을 가져보는 것이다. 나를 마주보는 한 여자가 있다. 과연 그 여자는 아름다운가? 혹은 못나 보이는가? 행복해 보이는가? 불행해 보이는가? 어떤 대답이 나오느냐에 따라 당신이 해야 할 일이 정해질 것이다.

이제 나의 가장 아름다운 모습을 찾아야 할 때다. 더 이상 늦기 전에, 내가 스스로를 포기하게 되기 전에 말이다. 당신이 스스로를 아름답다고 생각하는 순간, 어느새 남편도 옆에서 새삼 반한 표정으로 흘긋 당신을 훔쳐볼지도 모를 일이다.

 open one's mind

- 언제 자기 자신이 가장 아름다워 보이나요?
- 비교하는 남편, 어떻게 대처하면 좋을지 생각해 볼까요?

불량남편
A/S 상담소

1. 사건번호 4931
- 피고 : 이기적인 남편
- 내용 : 바쁜 워킹맘인 노고를 인정해주기는커녕 이기적이고 가부장적인 태도로 일관.

"집에서 살림하고 아이들 교육에나 전념해. 내가 신경 좀 안 쓰게 하라고. 알았어?"

"살림을 잘하나, 반찬을 잘하나, 남들처럼 몸매에 신경을 쓰나. 대체 제대로 하는 게 뭐 있어?"

워킹맘으로 일과 육아, 내조까지 도맡아 하는 아내에게 남편이란 사람이 하는 말이다. '고맙다, 수고했다'는 말은커녕 어쩜 저렇게 밉게 표현하는지! 어디 우리 남편뿐이랴. 무심한 남편들이 아무런 생각 없이 툭툭 던지는 말에 아내들은 어찌할 바를 모른 채 매번 상처받고 만다.

뭐든지 자기중심적이고 이기적인 남편들이 있다. 툭하면 반찬 투정에 사소한 것을 가지고 딴죽 걸기 일쑤고, 말 한 마디를 해도 꼭 상처가 될 말만 골라 한다. 가끔은 '서로 예뻐하고 사랑하며 살기에도 모자란데 왜 우리는 서로 고통을 주고받아야 하나?' 회의감이 들 정도다.

직업상 많은 강연을 하고, 상담을 해주다보면 깊은 실망감과 치유할 수 없는 상처를 가지고 사는 아내들을 많이 본다. 세상을 떠나는 그날까지 자기가 원하는 것들은 다 들어주어야 한다고 생각하는 자기중심적이고 가부장적인 남자들, 정말 이기적인 욕심쟁이다.

"두 사람은 검은머리 파뿌리가 될 때까지 서로 아끼고 사랑하고 존경하겠습니까?"라는 주례선생님의 말씀에 씩씩하게 "네"라고 대답하던 남편. 그때의 그로 돌려놓을 수 있다면 얼마나 좋을까. 이기적인 남편과 사는 아내들의 소망일 것이다.

아직은 포기하기 이르다. 한 가지만 명심하자. 이기적인 남편에게는 부탁과 강요를 구별하여 표현해야 한다. 배우자에게 부탁을 청했을 때 안 들어준다고 비난을 하거나 부정적인 말을 하는 것은 강요나 다를 바가 없다. 강요받으면 들어주고 싶은 마음보다는 불쾌한 기분에 괜히 반항하게 되는 게 사람의 심리다. 천성이 이기적인 남편들은 오죽하랴. "치우는 사람 따로 있고 버리는 사람 따로 있냐?"라고 말하는 것보다는 "안 바쁠 때 쓰레기 치워 줄 수 있어요?", "도와주면 기분이 너무 좋아요" 하는 것이 좋다.

또한 부탁을 할 때는 상대방이 들어 줄 수 있는 것, 하고 싶어 하는 것을 먼저 부탁하는 것이 좋다. "이거 빨리 치우라고 했지? 빨리해"보다는 "이거 나랑 같이 치울까?"라는 긍정적인 말로 부탁하면 상대의 행동력을 높일 수 있다.

오랜 세월 함께했다는 이유로 뭐든지 알아서 내 마음을 척척 읽고 해줄 것이라는 착각은 버려야 한다. 아내들은 마음을 이렇게 표현한다고 하지 않은가?

- 자기, 나 사랑해?(나 사고 싶은 게 생겼어.)
- 자기, 나 얼마나 사랑해?(나 오늘 사고 쳤어.)
- 나 화 안 났어.(나 지금 엄청 열 받았어.)
- 맘대로 해.(하기만 해봐!)
- 우리 이야기 좀 해요.(내 불만이 뭐냐면……)

이기적인 남편은 심술궂은 어린아이와 같다. 똑같은 상황이라도 화법에 따라 반응이 달라진다. 가능한 한 간단명료하고 부드럽게 배우자가 당장 할 수 있는 것을 부탁하는 것이 바람직하겠다.

♥ open one's mind

남편이 바라는 것을 아내가 먼저 실천하는 지혜가 필요하다.
1. 내가 어떤 행동을 했을 때 남편이 싫어하나요?
2. 남편이 나에게 진정으로 원하고, 바라는 것들은 무엇이 있을까요?

> **2. 사건번호 2376**
> - 피고 : 막말하는 남편
> - 내용 : 시도 때도 없이 막말을 일삼는 남편 때문에 심신이 피폐해짐.

　가끔 인사동에 갈 때마다 돌아보고 오는 곳이 있다. '못 고칠 악기 없고, 못 구할 악기 없다'는 종로구에 위치한 악기 백화점, 낙원상가다. 바이올린, 피아노, 재즈피아노, 드럼, 클라리넷, 오카리나, 기타, 색소폰 등 생김새도, 소리도 제각각인 악기들을 구경하는 것만으로도 삶의 활력이 느껴지기 때문이다. 낙원상가는 고장 난 악기나 오래된 악기를 새것처럼 고쳐주는 곳이기도 하다. 악기를 잘못 길들이거나 어설프게 다루면, 고장이 나거나 소리가 엉망이 된다. 사람도 마찬가지다.

　단언컨대, 남편은 이 세상의 그 어떤 악기보다 다루기 힘든 악기다. 그 오랜 시간을 함께 보냈으면 이제는 서로 알만도 한데 소통하기는 더 어려워지고, 무례한 행동으로 고통스럽게 만든다. 이렇게 힘들게 하는 남편을 어떻게 다스려야 하는 걸까?

　얼마 전 밤늦게 친구에게 전화가 왔다. 느지막이 인연을 만나 결혼에 성공한 친구였는데 유달리 목소리가 무거웠다. 신혼 때 누구나 하는 사랑싸움이라고 하기에는 내용이 다소 심각했다.

"너한테 말하기도 창피하다. 신랑이 나를 너무 무시하는 것 같아. 사소한 일에도 버럭 화내기 일쑤고, 내 말은 아예 듣지도 않는다니까. 며칠 전에는 부부동반모임이 있었는데, 세상에 무슨 일이 있었던 줄 아니? 수저를 놓지 않았다고 그 많은 사람들 앞에서 엄청나게 큰소리로 나를 혼내는 거야. 정말이지 쥐구멍에라도 숨고 싶을 만큼 창피하더라고."

둘 사이에 구체적으로 어떤 사건이 있었는지 제3자로서 알 수는 없지만, 말만 들어도 얼마나 권위적이고 위압적인 사람인지가 느껴졌다. 안 그래도 심약한 편인 친구는 매일같이 주눅 들어 눈치만 보고 산다는 것이다. 늦은 나이에 소울 메이트를 만난 것 같다며 수줍은 미소를 짓던 친구의 모습을 기억하는 내게는 참으로 씁쓸한 일이었다.

며칠 후 인사동에서 친구를 만났다. 그녀의 하소연도 들어주고, 이런저런 맘속 얘기를 털어놓다보면 조금이라도 응어리가 풀리지 않을까 싶어서였다. 싱글로 외로워하던 시절보다 더 우울해 보이는 친구를 보며 마음 한 구석이 아려왔다.

인사동 구석구석을 누비다 습관처럼 낙원상가를 들르게 되었다. 그런데 멍하고 힘이 없던 친구의 눈에 갑자기 생기가 돌았다. 그제서야 기억이 났다. 친구가 대학시절 피아노를 전공했던 것, 발랄하고 성격도 좋아 남자들에게 인기도 많았던 것 등등. 당시 기억을 회상하며 수다를 떨다보니 어느새 원래의 그녀로 돌아간 것 같아 안심이 되었다.

"무시하거나 무례한 행동을 하는 남자들은 만만해 보이는 사람을 상대로 한대. 혹시 행동을 가볍게 한 건 아닌지 생각해 봐. 네가 남자를 대하는 게 서툴러서 그럴 수도 있고. 만약 또 신랑이 무례하게 행동하면 거기에 맞대응하지 말고, 속이 뒤집히더라도 관심을 끄고 잠시라도 시간을 두거나, 반대로 최대한 치켜세워 주는 것은 어떨까? 남자는 악기와 같아. 고장 난 악기를 다루려면 몇 배의 힘이 들지. 조심스럽고 지혜롭게 다뤄야 해."

나의 조언에 그녀도 밝은 표정으로 고개를 끄덕였다. 이렇게 생기발랄하고, 예술적 감성이 뛰어난 친구의 모습을 본다면 그 남편도 조금은 달라지지 않을까 싶었다.

사실 도를 닦지 않은 이상 막말을 습관적으로 하는 남편을 사랑과 관심으로 감싸기란 쉽지 않다. 요즘은 아버지 교육, 부부교육, 부모교육, 부부클리닉 등 찾아보면 많은 교육들이 생겨나고 있으니 함께 다니는 것도 많은 도움이 될 것이다.

♥ open one's mind

- 상대에게 정말 듣기 싫은 말을 적어 보세요.
- 상대를 자극하는 말이 무엇인지 생각해 보세요.

3. 사건번호 1693
- 피고 : 자주 욱하는 남편
- 내용 : 툭하면 불같이 화를 내는 남편 때문에 자녀교육이 걱정됨.

지난 달 나에게 메일 한 통이 왔다. 욱하는 남편 때문에 고민하는 주부가 보낸 메일이었다.

안녕하세요?

얼마 전 서점에 갔다가 우연히 《아내가 딴짓하는 데는 이유가 있다》라는 책이 눈에 띄어 밤새 읽고 이렇게 메일로 상담을 드립니다.

제 남편은 별것도 아닌 일로 폭언을 퍼붓고 불같이 화를 냅니다. 예전에도 이런 성격 알고는 있었지만, 이 정도인 줄은 몰랐습니다. 정말 미칠 것 같이 속상합니다. 어쩌다가 외식을 해도 조마조마합니다. 식당에서 식탁이 더러우면 이렇게 장사해도 되겠느냐를 시작으로 자기 생각에서 조금이라도 벗어나는 일이 생기면 상대가 누구든 욱하고, 씩씩거리며 집에 돌아와서까지 아까 있었던 이야기를 다시 꺼내어 또 한 번 난리를 부립니다.

아직 큰 딸이 어려서 이렇게 부부 싸움하는 모습을 자주 보이는 것이 좋지 않을 것 같아 그만하자고 해도 속이 다 풀릴 때까지 소리를 지르고 물건을 던지면서 욕을 합니다. 이럴 때 저는 소리 내어 울지도 못하고 고스란히 남편의 화를 다 받아주어야 하니 어떻게 해야 할지요? 그래도 함께 살려면 참고 살아야 하나요? 조언 부탁드립니다.

나는 안타까운 마음으로 답장을 보냈다.

안녕하세요?

남편 때문에 많이 힘드시겠어요. 대부분 화를 내는 분들은 불만을 참지 못합니다. 상담 사례 경험으로는 본인의 목표나 목적에 방해를 받았거나 '명백히 화를 낼만 한 대상'이 있을 때 화를 더 잘 내는 경우를 자주 봅니다. 또 일반적으로 보수적인 사람이 더 화를 낼 것 같지만, 화를 본래 잘 내는 사람은 낙관적인 성격을 가지고 있기도 합니다. 어렵겠지만, 정말 화가 나서 폭발 직전일 때 화가 난 것을 적어보게 하면 좋습니다. 스스로 참지 못할 만큼 화가 났을 때 참는 연습과, 욕망이나 분노 등을 줄이는 연습이 필요한 것입니다. '화가 풀리면 인생도 풀린다'고 하니 남편과 아내가 모두 노력해야 합니다.

한 프로그램에서 자판기에 돈을 넣어도 커피가 안 나왔을 때 사람들의 반응을 지켜보는 실험을 했습니다. 커피가 안 나오자 그냥 가버리는 사람, 다음 사람이 돈을 넣는 모습을 묵묵히 지켜만 보고 있는 사람, 발로 자판기를 차는 사람, 전화번호를 찾아 신고하는 사람 등

위기에 대처하는 모습들이 제각각이었습니다. 이들의 자아존중감을 검사해보니, 전화를 걸어 상황을 설명하고 적절한 조치를 취하려는 사람들이 평균보다 자아존중감이 높게 나왔다고 합니다.

이처럼 화는 누구나 생기게 마련이지만, 그 화를 타인에게 부정적으로 표출하느냐, 아니면 남을 이해하고 배려할 수 있는 긍정마인드로 소멸시켜 본인에게 이로움을 줄 수 있느냐에 따라 달라질 수 있습니다.

상황을 모면하고자 지나치게 화내는 남편의 모습을 그대로 받아주면 가족 모두 상처로 남을 수 있습니다. 남편 분께서 대부분 어떤 상황에서 화를 내는지 정확히 파악하셔서 폭발하는 분노를 최소화할 수 있는 방법들을 찾아주셨으면 합니다. 분명히 화내는 원인은 있다고 봅니다. 그 원인이 선천적 대물림일 수도 있고, 가정환경의 영향일 수도 있고, 아내를 약자로 인식하고 있어서 그럴 수 있습니다. 내적불행이나 콤플렉스로 인하여 스스로 감정조절이 되지 않아 발생할 수도 있습니다. 특히 화낼 때 아내의 태도나 말에서 더 분노할 수 있으니 보다 지혜롭게 남편이 화를 다스릴 수 있도록 건설적으로 해결해 나가기를 바랍니다.

아울러 점점 심해지면 전문가를 찾아 도움을 의뢰하는 것도 좋은 방법이 될 수 있습니다. 분노측정척도나 우울증척도 등 많은 검사 도구를 통해 남편이 화를 내는 원인을 찾아 치료를 받을 수 있기 때문입니다. 그럼 빠른 시일 건강하고 행복한 가정되시길 바라며 이만 줄입니다.

감정조절을 못하며 욱하는 남편 때문에 많은 아내들이 아프다. 단지 부부만의 문제라면 깨지든 말든 한번 부딪혀 보기라도 하겠는데 아이들까지 상처 받을 것을 생각하니 답이 없다. 사실, 지나친 부부싸움을 자주 보며 자란 아이는 어리면 어릴수록 소아우울증이 생길 가능성이 높고, 반사회적인 성인으로 성장할 확률이 높다. 또한, 불안감 때문에 주의집중을 못하고, 충동적이거나 공격적인 아이로 성장하여 학습부진아가 된다는 것도 명심해야할 것이다.

따라서 아내가 욱하는 남편에게 평소 상처를 자주 받았다면 적절하게 자신의 감정을 표현하는 것이 좋다. 이 세상 누구도 화내지 않고 살 수 없다. 자신의 감정을 감추고 사는 것이 상대를 위해서도 자신을 위해서도 옳은 방법이 아니다. 스트레스는 건강을 해치며, 묵은 화를 어느 순간에 갑자기 폭발시키는 것은 더 큰 화로 돌아올 수 있기 때문이다. 어쩌면 남편보다 더한 화를 가슴에 품고 살다가 나중에 펑 터뜨리는 일이 생길지도 모를 일이다. 진짜 자녀를 위한 길이 무엇인지 생각해보자. 모두가 함께 행복을 꿈꿀 수 있기를 바라며.

♥ open one's mind

- 상대가 왜 화가 났는지, 그럴 때 어떻게 대처해야 하는지 구체적으로 적어 보세요.
- 화로 인하여 어떤 상처를 받았는지 솔직하게 적어 보세요.

4. 사건번호 5279

- 피고 : 잔소리꾼 남편
- 내용 : 유난히 잔소리가 심한 남편 때문에 스트레스를 받고 있음.

오랜만에 동창회에 가서 가깝게 지냈던 후배를 만났다.

"잘 지내지?" 하는 말이 끝나기도 전에 그녀는 신랑 흉부터 늘어놓는 게 아닌가.

"선배님, 정말 미치겠어요. 우리 신랑이 어제는요, 모임에서 술을 한잔 거하게 마셨는지 배가 불뚝 나와서도 집에 와서 배가 고프니 밥을 차려달라는 거예요. 냉장고 문을 열어보고는 자기가 좋아하는 과일이 없다며 '살림을 어떻게 하는 거야?' 하면서 냉장고 안에 있는 음식물을 전부 꺼내놓고 정리부터 하라고 시키더라고요. 어이없는 것은 그렇게 말하고 자기는 들어가 속 편하게 자는 것 있죠? 실수한 것 하나하나 지적질하고, 실수나 잘못 한 번 그냥 넘어가는 법이 없어요. 이런 남편 보셨어요? 남편이랑 사는 게 아이를 키우는 것보다 더 힘드니 어떻게 해야 할까요?"

식사하는 것도 잊고 무척 흥분된 어조로 한참 이야기하던 후배는 워킹맘으로 결혼 7년차다. 나름 살림도 잘하고 세 살, 다섯 살 아이들도 지혜롭게 잘 키우고 있는 후배가 뭐가 그리 못마땅하다고 못살게 구는지.

후배처럼 사는 아내나 그 가족을 보면 두려움과 불안감에 시달리고 있다. 그런데 그 속을 자세히 들여다 보면 남편 역시 불안해 하고 있다. 밖에서 밝은 모습으로 지내고는 불쑥 집에 들어와 살림에 아이들 교육에 뭐하나 그냥 지나가는 법이 없다.

잔소리를 할 수 밖에 없다는 한 아빠의 이야기를 들어보자.

"저는 아내가 늘 걱정이 돼요. 매사에 얼렁뚱땅 대충 하는 것 같아 뭐라고 한마디 하면 자기는 잘하고 있는데 왜 잔소리를 하는지 도무지 이해가 안 된다는 표정을 지어요. 내가 싫은지 말을 전혀 들으려고 하지도 않고요. 하루 종일 뭐하는지 집안은 엉망이고 집에 들어오는 순간 스트레스 받아 신경쇠약에 걸릴 것 같습니다."

"직장에서 돌아와 편히 쉬고 싶지 않은 남자들이 어디 있겠습니까? 아내가 맞벌이를 하는 것도 아닌데, 살림부터 시작해서 육아문제, 경제적인 문제까지 다 참견해야 하는 내 마음은 오죽하겠습니까?"

"어떤 날은 조금 일찍 들어왔더니 애 엄마는 안방에서 퍼질러 자고 있고, 아이는 거실에서 혼자 놀고 있는 게 아닙니까? 어찌나 아이가 불쌍해 보이던지. 집에서 매일 낮잠 자고 살림에는 취미도 없는 여자가 뭐가 그리 피곤하다고 노래를 부르는지 도무지 이해가 되지 않습니다."

"솔직히 요즘은 내가 전업주부가 되어 살림을 하고 싶습니다. 나가서 일을 해봐야 돈 벌어 오는 게 얼마나 힘든지 알 것 아닙니까?"

쉴 새 없이 쏟아내는 남편의 이야기를 들어주느라 잠시 머리가 아파왔다. 순간 '이건 아닌데' 하는 부분들도 있었지만 잔소리할 수밖에 없는(?) 그의 고충도 어느 정도 이해되었다. 열 번을 잘하다가도 한두 번 잘못하는 것이 눈에 띄기라도 하면, 그것으로 전체를 판단하는 것이다.

어느 날인가 아내에게 수시로 잔소리를 해 스트레스를 준 남편의 행동은 이혼사유가 된다는 판결이 나왔다. 아내(38)와 남편(47)은 1999년에 결혼했고, 학력차이를 이유로 신혼 때부터 각방 생활을 했다고 한다. 남편은 과외 강사를 하면서 밤늦게 귀가해서 아침에 잠드는 생활을 했다. 남편은 아내에게 메모와 문자메시지로 수시로 잔소리를 했다.

'바지 주름을 한 줄로 다려줄 것, 청소할 것, 이불 털기'
'김치 쉬겠다. 오전에 뭐한 건가?'
'꽃게탕 끓여놓고 갈 것, 음식 빨갛게 하지 말 것'
'전기코드 뽑는 습관 생활화'

가사와 육아에 관한 사항을 일일이 지시했으며, 이행하지 못할 경우 심하게 질타했다고 한다. 뿐만 아니라 아내의 부정행위를 의심하면서 아이를 학원에 데리고 가고 오는 시간 등을 모두 체크했다.

아내는 남편의 식모나 노예 같다는 생각으로 심한 모멸감을 갖게 되어 이혼소송을 낸 사례이며, '배우자로서 존중하고 배려하기보다 가부장적이고 권위적인 태도로 원고의 행동을 통제하고 일방적으로 자신의 의견을 강요한 점, 별다른 이유 없이 원고의 부정행위를 의심한 점 등 아내를 늘 불안과 긴장 속에서 살게 했다'는 것이 이혼사유가 됐다고 지적했다.

최근 '아이 낳기 좋은 세상 서울운동본부와 한국워킹맘연구소'에서 '남편들이 아내에게서 가장 많이 듣는 잔소리'에 관한 재미있는 설문조사가 발표되었다.

1위 일찍 들어와서 애 좀 봐.
2위 TV 끄고 책 좀 읽어줘.
3위 주말이라도 놀아줘.
4위 애랑 10분도 못 놀아?
5위 당신은 아빠도 아니야!

육아에 대한 잔소리가 가장 많았고, 아내들의 잔소리에 남편 22%가 스트레스를 받고 있으며, 육아에 동참하고 싶은 의지는 있으나 마음과는 달리 함께 놀아주지 못함에 대한 미안함을 가지고 있다.

이혼을 하러 온 부부에게 판사가 말했다.

"지금 아내의 잔소리 때문에 이혼을 하겠다는 겁니까?"

"네!"

"정확한 판단을 위해 그 잔소리가 무엇인지 알아야 하니 모두 말해 보시오."

그러자 남편이 깜짝 놀라며 말했다.

"재판장님, 진짜로 3시간이나 되는 이야기를 다 들으실 수 있겠습니까?"

잔소리는 가정 내 소음과 같다. 아내들은 관계를 중요시 여기기 때문에 서로 좋은 감정을 주고받으며 이야기하기를 원하지만, 남편들은 말하고 나면 꼭 그 문제가 해결되어야 한다는 사고를 가지고 있기 때문에 결과가 눈에 보이지 않으면 불만이 커질 수 있다. 따라서 남편의 잔소리가 듣기 싫다면 구체적으로 도움을 요청하라.

"이런 일은 당신이 해줘."

남편들은 본능적으로 확실한 지시를 쉽게 받아들이기 때문이다. 따라서 가정에서의 역할분담을 확실히 하는 것이 바람직하다.

지난번 TV에서 보니 남편에게 도움을 요청할 때 '시간'을 넣어 말하면 좋다고 한다. 예를 들면, "11시까지 자기가 청소기를 밀어 주었으면 좋겠어"라는 식이다. TV에서 실험남들은 슬슬 눈치를 보다가 그 시간이 되자, 거짓말처럼 움직이기 시작했다. 그런데 솔직히 고백하자면, 우리 신랑에게는 적용되지 않았다. 100% 적용되는 것은 아닌 듯하니, 항의 메일은 정중히 사양하고 싶다.

♥ open one's mind

- 평일과 휴일로 나누어 역할분담에 대하여 이야기해 보세요.
- 상대에 대한 불만과 요구사항을 종이에 적어본 후 이야기해 보세요.

5. 사건번호 4931
- 피고 : 철없는 남편
- 내용 : 친구와 술만 좋아하는 남편 때문에 가정이 엉망이 됨.

얼마 전 평소 가깝게 지내던 한 학부모님께 연락이 왔다.

"우리 애 아빠 좀 상담해 주시면 안 될까요?"

"왜요? 아버님을 가끔 뵈면 너무 좋으시던데 무슨 일 있으세요?"

"술을 너무 좋아해요. 현관에서부터 혀 꼬부라진 목소리로 호통을 치면서 들어오는 남편을 보면 멍석말이라도 해서 작대기로 패주고 싶은 마음이 들어요. 내가 문제인지 남편이 문제인지, 원. 아침이면 새벽까지 마신 술 때문에 속 쓰리다고 뭐라도 끓여달라고 하는 모습을 보면 원수 같다는 생각이 들어요. 어제도 술을 새벽 4시까지 마시고 데리러 나와 달라고 메시지가 왔더라고요."

흥분하시며 말을 이어나갔다.

"거의 매일을 술로 체력을 다 소모해요. 돈도 얼마 못 벌어오면서 어디서 술 먹을 돈은 생기는 건지. 우리 아파트에 소문이 다 났어요. 매일 술 마시는 사람으로요. 창피해 죽겠어요. 왜 그렇게 술을 마시냐고 쥐 잡듯이 잡으면 뭐라고 하시는 줄 아세요? '당신이 매일 바가지를 긁어서 집에 들어오기 싫다'

는 거예요. 그게 할 말이에요?"

"어머님, 정말 힘드시겠어요. 어쩌다가도 아니고, 그렇게 매일 술을 드시다니요. 아이 문제로 일단 오시라 하고, 잘 말씀드려 볼게요."

그렇게 가신 뒤 아버님과 전화로 상담 예약을 잡았다. 며칠 뒤 아버님을 만날 수 있었다.

"아버님, 아이가 아빠 이야기를 전혀 하지 않아요. 그리고 남자 친구들과는 전혀 놀지 않고, 소꿉 영역에서 늘 여자 친구들하고만 놀아요. 남자아이는 아빠의 영향을 많이 받기도 하는데, 혹시 아이랑 무슨 문제라도 있나요?"

"그렇군요. 제가 가정적이지 못하고 밖에서 워낙 친구들과 놀기를 좋아해서요."

"아버님, 어머님이 힘들어 하시고, 아이가 말은 안 해도 아빠랑 많이 놀고 싶어할 테니 매일 30분씩만이라도 함께 공놀이나 자전거 타기, 책 읽기 등을 해보세요. 아이들이 크려면 한참 남아있다고 생각해도 어느 날 갑자기 아이들이 훅 커 있더라고요. 그땐 해주고 싶어도 너무 늦어버려 후회하는 날이 올지도 몰라요."

"네, 아이를 위해 오늘부터 변하겠습니다. 그동안 와이프가 많이 힘들어 하는 것을 알면서도 소홀했네요."

한 달 후, 기쁜 소식이 들려왔다. 어머님께서 감사하다는 장문의 편지를 보내 주셨는데, 요지는 '요즘 남편이 아이와 잘 놀아주고, 술도 거의 안 마신다는 내용이었다.

    부모가 아이를 만드는 것이 아니라, 아이가 부모를 가르치고 부모다운 부모를 만들기도 한다. 아이들을 위해 자신의 잘못된 습관을 과감히 버릴 줄 아는 의식 변화가 가끔은 필요하다. 우리는 교육 방식이나 부모의 양육태도, 가정환경이 아이들에게 얼마나 큰 영향으로 작용하는지 많은 매체를 통해 접한다.

    철없는 남편과 사는 것이 쉽지는 않을 것이다. 하지만 바람직한 아이와의 관계를 만들어 주기 위해서는 시간의 양이 아니라, 질이 중요하다. 아빠가 육아에 관심이 없다고 불평하기 전에 아빠의 자리를 온전히 만들어 주도록 해야 한다. 남편을 따뜻하게 감싸주며 아빠만의 고유한 영역을 만들어 주어야 한다. 남편 그대로의 모습을 인정하고 삶의 새로운 활력소를 갖도록 해주어 가족들에게 특별한 사람임을 인식해 주는 지혜를 발휘해 나가야 할 것이다.

- 당당하게 도움받기 위해 남편이 담당해야 할 역할은 어떤 것들이 있을까요?
- 남편이 힘들어하는 점이나 불만족한 사항들은 어떤 것들이 있는지 경청해 보세요.

대한민국 아내들이 절대 잊지 말아야 할 것 10가지

1. 작은 행복 속에서 축복을 찾자.

작은 행복은 가정을 지키는 원동력이 된다. 축복은 그냥 얻어지는 것이 아니라 작은 행복에 감사한 마음을 가져야 얻을 수 있다.

2. 막연한 노후를 맞이하지 않도록 한다.

세월은 빠르다. 행복한 노후를 미리 준비해야 한다. 30대엔 40대를, 40대엔 50대를 적어도 10년 뒤를 바라보며 미래를 꿈꾸자.

3. 남편 탓하지 마라.

도장 찍지 않은 이상 '내 팔자야~' 노래 불러봤자 달라지는 것은 없다. 오늘 내가 어떻게 살았느냐에 따라 내일 삶이 결정된다는 것을 기억하라.

4. 사랑스러운 아내, 아름다운 엄마가 되라.

나이를 불문하고 여자라면 아름다워야 사랑받는다. 좋은 피부와 날씬한 몸매를 갖고 싶다면 지금 당장 시간을 투자하라.

5. 꿈의 목록을 작성하라.

각자의 꿈 목록을 만들어 거실이나 현관에 붙여서 부부가 함께 공유하라. 그리고 하나하나 실행할 때마다 상대를 격려하라. 그러면 인생의 같은 방향을 바라보며 기쁨을 함께 누릴 수 있다.

6. 한 달에 한 번씩은 가족회의를 가져라.

누구나 불평과 불만은 있다. 이럴 때 가장 잘 해결할 수 있는 방법 중의 하나가 가족회의를 통한 소통이다. 회의하면서 규칙들을 정해 객관적인 방법으로 문제를 풀 수 있도록 하라.

7. 가끔은 각자의 공간에서 각자의 일을 하라.

혼자만의 시간은 더 나은 미래를 꿈꾸게 한다. 좋아하는 취미나 일, 문화를 즐기는 것이 나만의 특권이듯 상대에게도 그런 공간과 시간을 주어라. 사랑의 다른 이름은 배려다.

8. 칭찬과 격려의 말을 아끼지 말자.

부부라도 각자의 고민과 고충이 늘 생기기 마련이다. 힘든 상대를 알아주지 못하거나 인정해 주지 않는 부부는 불행을 자초하는 것이다. 칭찬과 격려는 힘든 삶의 윤활유가 되어 더 나은 행복을 추구하게 만들 것이다.

9. 육아에 대한 보람과 의미를 찾자.

육아에 대한 부담감에서 헤어나지 못하면 삶이 풍요롭고 행복할 수 없다. 힘든 문제들을 혼자서만 해결하려고 하지 말고, 배우자와 함께 원인을 찾고 해결해 나가는 지혜로움을 가져보자.

10. 기다릴 줄 아는 여유를 갖자.

무조건 못한다고 단정 짓고 혼낸다고 아이가 잘하는 것이 아닌 것처럼 부모 스스로 감정을 절제하며 상황에 적절하게 맞출 필요가 있다. 그러기 위해서는 여유로움을 가지고 기다릴 줄 아는 아내와 엄마가 되어야 할 것이다.

Story 2

엄마라는 이름 I

엄마의. 이름으로. 걱정과. 불안에. 빠지다.

맘이 이름으로 저항과 불의에. 빼지다.

⟨ 엄마라는 이름 I ⟩

01

나는 친정엄마처럼 살지 않을래

∨

○ 나의 엄마, 나의 롤모델

    요즘도 난 힘들 때마다 친정엄마를 떠올린다. 결코 애틋한 모녀관계는 아니었다. 오히려 사이가 나쁜 편이었다고 해도 과언이 아닐 정도였다. 우리집은 가난했고, 엄마에게 가난은 죄책감이었다. 그래서였을까. 엄마는 아파도 병원에 가지 않고 약만 달고 사셨다. 딸인 나에게 엄마의 그런 궁상맞은 모습은 한숨 나오는 현실이었다. 엄마는 나름대로 우리에게 죄스러웠으리라. 그 마음을 당시 알지 못했던 나는 엄마가 미웠다. 엄마처럼 살고 싶지 않았다. 드러내 표현하지는 않았어도 욕심 많은 딸의 타박에 엄마는 많이 속상하셨을 것이다.

　엄마의 마음을 진심으로 이해하고 공감할 수 있었던 것은 내가 어른이 되고 나서도, 결혼을 하고 나서도 아니었다. 내가 엄마가 되고 나서야 자연스럽게 엄마의 마음이 가슴으로 느껴졌다. 출산의 고통으로 몸부림칠 때, 아이가 아파서 보챌 때, 아이를 위해 해줄 수 있는 일이 없을 때. 그때마다 제일 먼저 떠오르는 사람은 남편도 친구도 아닌 친정엄마였다.

　이제와 생각해보면 '아내'와 '엄마'라는 이름은 결코 '희생' 없이는 가질 수 없는 이름인 것 같다. '아내'라는 이름은 결혼 전 찬란한 자유와 바꾼 이름이고, '엄마'라는 이름은 인내와 배려의 한계를 이 악물고 배우며 얻은 이름이다. 모두 직접 겪어보고 나서야 깨달을 수 있는 진리들이다.

　결혼 전 내가 마음속으로 수없이 되뇌던 말들.

　'자식들만 바라보며 자신의 꿈은 뒷전으로 내몰았던 엄마처럼 살지 않을래.'

　'평생 고생만 하는 엄마처럼은 더더욱 살지 않을래.'

　'엄마처럼 마음 아파하며 절대 살지 않을래.'

　하지만 나는 변해 있었다.

　'엄마만큼 하자. 엄마만큼만 자식들을 사랑하자.'

때로는 가난과 환경을 탓하기도 했다. '왜 우리는 이렇게밖에 살 수 없는 거야'라며 부모님을 원망하기도 했었다. 하지만 부모님은 언제나 그 자리에서 최선을 다하셨음을, 우리가 쉬는 사이에도 잠든 사이에도 늘 잘살기 위해 고민하셨음을 이제는 안다. 나 역시 하나라도 자식에게 더 해주고 싶은 엄마가 되었기 때문이다.

결혼 전에는 엄마랑 싸우면 눈물이 났는데, 결혼하고 나니 남편에게 서운할 때나 자식이 속 썩일 때 엄마가 보고 싶어 눈물이 났다. 갓 결혼하여 낯선 환경에 놓였던 나는 처음 진심으로 엄마가 보고 싶어 울었고, 울면서도 만감이 교차했던 기억이 난다.

나뿐만 아니라 요즘의 젊은 엄마들도 마찬가지일 것이라 생각된다. 그만큼 결혼한 여자들에게 친정엄마는 특별한 의미이기 때문이다. 결혼해서 겪게 되는 모든 일에 엄마가 떠오르면서 자연스럽게 '엄마라면 어땠을까?'라고 생각해보게 되는 것이다.

따라서 모든 여자들에게 '엄마'라는 존재는 인생의 롤모델일 수밖에 없다. 원하든 원치 않든 간에 살다보면 무의식적으로 나의 삶이 엄마와 닮아있다는 것을 깨닫게 된다. 왜 아니겠는가. 나의 창조주이며, 절반의 DNA를 물려준 장본인이자, 여엿한 어른으로 성장하기까지 늘 곁에 있어준 가족. 같은 여성으로서의 삶을 살다보면 자연스럽게 엄마한테 보고 배웠던 것들이 그대로 아이에게 전해질 수밖에 없는 것이다.

● 모성에 대한 몇 가지 생각

나 같은 경우 다행히 헌신적인 어머니가 있었기에, 아이를 키울 때 많은 도움을 받을 수 있었다. 엄마가 된다는 것은 정말이지 초인적인 힘이 필요한 일이다. 그러나 때로는 여성들에게만 희생을 강요하는 우리 사회가 안타깝기도 하다. 세상은 점점 편리해지고 부유해졌는데, '엄마'들에게 요구되는 역할과 부담은 우리의 어머니 세대나 지금의 젊은 엄마세대나 크게 달라진 게 없는 것 같기 때문이다.

얼마 전 EBS다큐프라임 〈마더쇼크〉를 보며 정말 쇼크를 받은 적이 있다. 우리가 당연히 생각했던 '모성은 본능이다'라는 공식이 사실은 아닐 수도 있다는 것이었다. 우리 사회는 이상하다 싶을 만큼 모성애에 대한 신화를 강조한다. 자식을 구하겠다고 불구덩이에 맨몸으로 들어가는 엄마, 한 손으로 차를 들었다는 엄마 등등 슈퍼맨에 버금될 만하다. 그러나 현실이 어디 그렇던가.

엄마도 인간이다. 끼니를 거르면 아이를 안아 올릴 힘도 없고, 집 안에서 하루 종일 아이 뒤치닥거리만 하다보면 외로움을 느낀다. 귀청이 떨어져라 울어 젖히는 아이를 보면, 내 자식이지만 한 대 콩 쥐어박고 싶을 정도로 짜증이 치밀어 오르기도 한다. 그런데 그 망할 놈의 '모성 신화' 때문에 그런 감정을 느끼는 것조차 죄악인 것처럼 여겨진다. 이 정도에 힘들어 하는 것은 '내가 엄마 자격이 없다'는 증거인 것 같고, 말 안 듣는 아이에게 화를 냈다가도 죄책감에 함께 울어 버리고 만다. 단언컨대 그 정신적, 육체적 스트레스는 아마 슈퍼맨도 감당키 어려울 것이다.

이처럼 왜곡된 모성의 신화는 바로 우리 어머니 세대로부터 시작된 게 아닐까 싶다. 그 어려운 시대, 고달픈 농사일을 하면서도 자식을 대여섯씩 낳아 길렀고, 대가족 살림도 뚝딱 해냈다. 그러면서도 늘 남편에게는 순종하는 아내, 자식들에게는 헌신적인 어머니 역할을 했던 우리네 친정엄마들(젊은 엄마들에게는 엄마가 아니라 할머니 세대의 이야기일 수도 있겠다). 무엇이 그 무게를 감당하게 했을까. 우리들로서는 상상할 수도 없는 인내로 그 고통을 견뎠으리라. 그런데 우리는 고작 아이 하나둘 낳아서 죽네 사네 하고 있으니.

우리 인정해 버리자. 우리네 친정엄마들은 그냥 '신'이다. 인간으로서는 도저히 할 수 없는 희생과 헌신으로 그 많은 일을 다 해냈으니 충분히 자격이 있다. 그러나 우리들은 아니다. 특히 30~40대 젊은 엄마들은 남자들과 구분없이 똑같은 고등교육을 받고 자라나 사회적 성취를 맛본 세대들이다. 며느리나 아내가 되도록 교육받은 게 아니라 자존감과 자아정체성을 갖춘 하나의 인간으로 교육받고 성장했다. 그렇게 오롯한 '내 인생'을 살던 이들이 갑자기 주어진 엄마 역할의 막중한 무게를 감당할 수 있을 리가 없다.

　EBS다큐프라임 〈마더쇼크〉의 한 전문가가 말한 내용을 보자.

　"본인이 원하는 삶과 일도 해야 되고, 아이를 정말로 100% 완벽한 엄마처럼 돌봐야 하는 여러 가지 요구에 제대로 부응하지 못하고 이것들이 충돌하면서 자기의 정체성과 엄마로서의 정체성에 혼란이 오는 게 아닌가 싶습니다. 참으로 당혹스럽고 당황스러운 세대라고 할 수 있죠."

　젊은 세대 엄마들이 힘들어하는 원인 중 하나는 머리로 알고 있는 '헌신적인 어머니상'과 가슴에서 불타오르고 있는 '자기성취에 대한 욕구'가 충돌하기 때문이다. 이 두 가지를 완벽하게 해내고 싶은 욕심이야 이해하지만, 누구의 도움 없이 혼자서 할 수 있는 일은 아니다.

　곧, 어머니로서의 역할을 하면서도 동시에 자기성취를 할 수 있는 사회적 제반환경이 곧 만들어지리라 믿는다. 두 가지 모두를 완벽하게 해내는 것은 절대로 개인의 힘으로 가능한 일이 아니라는 것, 따라서 사회적 지위를 포기한 전업주부든, 육아에 올인하지 못한 워킹맘이든 절대 죄책감을 가질 필요가 없다는 것을 이야기해 주고 싶다.

　지금도 '나는 절대 친정엄마처럼 살지 않을 것'이라고 되뇌는 젊은 엄마들이 있을 것이다. 반대로 나의 경우처럼 '친정엄마만큼만 해냈으면 좋겠다'고 뒤늦게 경외심을 가질 수도 있다. 그 어느 쪽이든 상관없다. 친정엄마와 상관없이 우리는 우리대로 새로운 '어머니상'을 만들어나가면 되는 것이다. 이왕이면, 아이가 컸을 때 아이가 '난 엄마처럼만 살았음 좋겠어'라고 말할 수 있는 그런 멋진 어머니가 되었으면 좋겠다. 어떤 모습의 엄마든, 우리는 모두 내 아이에게만은 세상에 단 하나뿐인 소중한 엄마들이니까.

♥ open one's mind

- 친정엄마의 자식사랑에 대하여 생각해 보세요.
- 그동안 엄마에게 하지 못했던 말들을 글로 표현해 보세요.

< 엄마라는 이름 I >

02

버거운 엄마 노릇, 친정엄마가 그립다

▼

○ 난생 처음, 두려움을 느낀 순간

세상에 준비된 엄마가 어디 있을까. 대부분 부모의 보호 아래 온실의 화초처럼 자라다가 덜컥 엄마가 되니 '멘붕'이 올 수밖에. 누가 모성애를 본능이라 했는가. 아무리 임신과 출산이라는 엄청난 과업을 해냈다 하더라도 절로 엄마의 자격과 재능이 갖춰지지 않는다.

실제로 내가 아는 어떤 엄마는 임신을 하고 아이를 낳을 때까지만 해도 아무런 두려움이 없었다고 했다. 수많은 태교 관련 서적과 유아책으로 충분히 사전 정보를 익힌 덕에 시행착오도 없었고, 다행히 짧은 시간에 큰 통증 없이 자연분만을 할 수 있었다. 그런데 출산 후 처음 아이를 품에 안았을 때, 아이가 제대로 떠지지도 않은 눈을 하고 엄마젖을 찾아 더듬거릴 때, 그때 왈칵 두려움이 몰려왔다고 한다.

"순간, 내가 대체 무슨 엄청난 일을 저지른 거지? 세상에, 감히 내가 엄마가 될 수 있다고 어떻게 믿었던 걸까? 고개도 못 가누는 이 아이를 평생동안 책임질 수 있을까? 별별 생각이 다 드는 거예요. 너무 무서워서 저도 모르게 엉엉 울어버렸어요. 옆에 있던 남편은 제가 감동해서 우는 줄 알았다더군요."

절대 이상한 일이 아니다. 누구도 가르쳐준 적 없고, 한번도 해본 적 없던 일을 본능만으로 척척 해낼 수는 없는 일이다. 실제로 육아를 시작한 많은 엄마들은 하나부터 열까지 제대로 할 수 있는 게 아무것도 없다는 사실에 처음으로 절망하게 된다. 출산 전이나 후나 달라진 게 아무것도 없는 것 같은데 나를 둘러싼 모든 환경이 180도로 바뀌어 있다. 너무 일상적인 일이라 평소 행복이라고도 느끼지 못했던 것들. 가령 하루에 한 번 샤워를 하고, 정오에 식사를 하고, 필요한 물건을 사러 집앞 슈퍼에 가는 일에도 모두 제동이 걸린다. 변기에 앉아 화장실 문을 닫지도 못한 채 아이와 까꿍 놀이를 해야 할 때는 인간의 존엄성에 대해 새삼스레 고민하게 된다.

남편이 적극적으로 도와준다고 해도 한계가 있다. 회사에서 안 좋은 일이 있거나 신경이 날카롭기라도 한 날이면 남편은 버럭 화를 내거나, 투덜거리며 베개를 덥석 집어 들고 작은 방으로 들어가 버린다. 닫힌 방문을 보면 오만가지 생각이 다 든다.

'애는 나 혼자 낳았어? 아빠라는 사람이 어쩜 저렇게 무심할 수가 있지?'

아이한테 혼자 화를 냈다가 달랬다가 웃었다가, 내가 혼자 뭐하는 짓인지 순간 멍해지기를 반복하며 발끝까지 내려온 다크서클만큼 남편에 대한 원망이 커진다. 서서히 남편과의 관계는 멀어지고 각방 쓰는 것이 점점 자연스러워진다.

엄마라면 누구나 겪어본 과정일 것이다. '100일만 지나면, 돌만 지나면, 두 돌만 지나면 괜찮아진다'는 속설을 구원처럼 믿으면서 말이다. 이건 아무래도 엄마들의 출가 방지를 위해 누군가가 고의적으로 퍼뜨려 놓은 것 같다는 생각이 든다. "집에서 애 낳고 살림이나 하는 사람이 뭘 알아?"라는 식의 말에는 살의마저 느껴진다. 세상에서 가장 고되고 난이도 높은 일이 전업주부라는 걸 왜 아무도 몰라주냐는 말이다. 차라리 매일 야근, 특근 뛰는 것이 덜 힘든 일인 듯하다.

● 친정엄마라면 어떻게 했을까

100% 노가다 시절이 지나고 나면 이른바 '내 아이 잘 키워 성공시키기' 프로젝트가 시작된다. 아이가 초등학교에 들어갈 무렵, 몸 힘든 것은 덜해졌지만 이제부터는 정신적 스트레스, 그리고 나와의 싸움이다. 왜 아이의 성적표를 내가 평가받는 기분이 드는지 모를 일이다. 또한 사회가 요구하는 기준은 끊임없이 빠르게 변하고, 늘 경쟁해야 하기 때문에 결과는 늘 불만족스러울 수밖에 없다.

아직 아이는 유치원생인데 아이의 학습에 관해서만은 5년 뒤, 10년 뒤를 예견해야 하니 요즘 엄마 노릇하기는 더 어려워졌다. 매년 24만 명의 여성들이 아이를 낳아 엄마가 된다는데, 내가 실수라도 하면 우리 아이의 인생을 망치는 것은 아닐까 고민하며 하루하루를 버티는 것이다.

무엇보다 엄마 노릇이 어려운 이유는 아이가 엄마의 정서를 그대로 흡수하기 때문이다. 화가 나거나 짜증이 샘솟는 그 순간에도 아이의 심리적, 정신적, 신체적, 인지적 발달까지 세세하게 신경 써야 하기 때문에 더욱 힘든 것이다.

'엄마'라는 이름은 기쁨과 보람을 가져다 주지만, 반대로 절망과 좌절을 경험시켜 주기도 한다. 따라서 완벽한 엄마 노릇을 하려고 들면 불행해질 수밖에 없다. 세상에는 완벽한 엄마도 완벽한 아이도 존재하지 않는다는 것을 명심하자.

좋은 엄마란 결국 좋은 사람이고 행복한 사람이다. 모든 일에는 장단점이 있기 마련인데, 아이에게 온전한 가정을 물려주고 싶은 마음에 불행한 결혼생활을 지속해가는 것이 반드시 좋은 방법이라 볼 수 없는 것이다. 또한 피곤에 찌들어 있는 엄마가 아이의 실수에 너그럽게 대처할 수 있을 리 없다. 나 자신을 사랑할 줄 알고, 행복해 하는 엄마가 아이에게 최고의 엄마다.

내가 결혼 전, '엄마처럼 살지 말아야지'라고 생각한 것도 엄마가 불행하고 고통스러워 보였기 때문이다. 그 고통이 자식인 나에게까지 전달이 되니 힘들고 짜증스러운 것이다.

지금은 세상에서 가장 든든한 정신적 지주가 된 나의 엄마. 내가 엄마가 되면서 경험한 삶을 엄마 또한 나로 인해 겪었을 것을 생각하면 마음 한편이 저려온다. 한참 부족한 딸이었음에 죄송한 마음이 턱까지 차오른다.

얼마 전 〈시집 보내는 딸에게 쓴 친정엄마의 편지〉라는 글을 지인으로부터 받았다. 한때 인터넷상에서 붐이었다는데, 친정엄마의 마음을 잘 표현해주는 것 같아 옮겨본다.

아가야! 갔다가 남자가 아니다 싶으면 빨리 돌아와야 한다.

남자는 지금 아니면 나중에도 아니다.

나이를 먹는다고 아이를 낳는다고

철이 들고 나아지지 않는단다.

갔다가 아니면 하루라도 빨리 와야 한다.

친정부모 체면 같은 건 생각하지 마라.

남의 말은 3일이다.

엄마는 누구네 딸 이혼했다는 소리 하나도 안 부끄럽다.

갔다가 아니면 빨리 돌아와라.

엄마가 언제든 기다리마.

아가야! 시댁에 가서 음식 할 때 소금을 팍팍 넣어라.

너는 친정에서 그것도 안 가르쳤더냐는 말

엄마는 신경 안 쓴다.

우리 친정엄마가 안 가르쳐줬다고 해라.

사람들은 한번 잘하면 더 잘하기를 바라는 법이다.

아홉 번 잘하던 사람이 한번 잘못하면 욕을 먹는 법이다.

시댁에 칭찬 받으려 노력하지 마라.

욕은 엄마가 다 먹으마.

다시 한 번 친정엄마의 마음에 짠해진다. 앞으로 정말 잘해야 되는데, 몸은 늘 멀리 있고, 왜 그리 생각대로 잘 안되는지 오늘 하루도 엄마생각에 잠 못 이루고 만다.

 open one's mind

- 아이를 키우면서 쌓인 스트레스는 어떻게 풀면 좋을까요?
- 좋은 엄마가 되기 위해서 오늘 당장 해야 할 것이 무엇일까요?

< 엄마라는 이름 I >

03

아파도
아플 시간조차 없는
내 인생, 돌리도

∨

● 한 엄마의 조금 특별한 고민

1년 전 한 학부모가 상담을 의뢰한 적이 있다.

"선생님, 저는 요즘 우울증 약을 복용하고 있어요. 옆집에 놀러 간 지도 오래되었고, 아이 유치원에만 겨우 보내고 있어요."

상담을 의뢰해 온 엄마는 아이가 2년 동안 유치원을 다녔지만, 한 번도 얼굴을 본 적이 없었던 엄마였다.

"그렇지 않아도 아이가 요즘 너무 말을 하지 않아서 전화라도 한 번 드릴까 했었는데 가정에 무슨 일이 있으신가요?"

"어떤 특별한 사건이 있었던 것은 아니에요. 어느 날부터인가 제 자신이 너무 초라하고 보잘 것 없다는 생각이 들었어요. 예전에 저는 정말 활달하고 육아에도 열심이었죠. 남편은 제가 우울증 약을 먹고 있다는 사실조차 몰라요. 남편에게 1순위는 늘 아이거든요. 저에게도 아이가 소중하지만, 그 생활이 저에게는 너무 버거웠나 봐요. 내가 이 사람과 사는 건지 아이랑 사는 건지 혼란스러워지더니 매사가 다 귀찮아지고 짜증나더라고요."

그녀는 명문대학교 영문학과를 졸업하고 잘나가는 영어강사로 활약했다고 한다. 그런데 일을 그만두고 육아에만 전념하게 되면서 뜻하지 않게 우울증이 찾아온 케이스였다. 넘치던 의욕은 어디로 가고, 우울증과 힘겹게 싸우고 있는 모습을 보니 참으로 안타까웠다.

모든 엄마들에게 전업주부의 삶이 당연하게 다가오는 것은 아니다. 결혼 전 나름의 커리어를 쌓아온 직장 여성들에게 갑작스러운 환경의 변화는 우울증과 무기력증을 동반하기에 충분하다. 그만큼 육아는 쉬운 일이 아니기 때문이다.

2시간 가까이 상담을 마친 후, 나는 그녀와 일주일에 한 번씩 상담하는 시간을 갖기로 했다. 우울증을 가지고 살아가는 엄마들은 대인관계를 맺는 것조차 무척 두렵고 힘들어 하기 때문에 상담을 통해 서나마 타인과 소통할 수 있게 하기 위한 의도적인 처방이었다. 상담을 하면서 육아의 기쁨과 엄마의 자존감을 되찾아 주고자 노력했다. 단순히 엄마로서의 자각이 모자라거나 능력이 안 되서 그녀가 힘든게 아니라는 것을 나는 누구보다 잘 알고 있었다.

사실, 모든 엄마들은 크든 작든, 자각을 하든 못하든 누구나 아프다. 출산의 고통 후 난생 처음 경험해 보는 육체적 노동에 몸이 아프고, 만약 주변에 그 고통을 나눌 사람이 없다면 외로움에 마음까지 아프다. 아무리 도우미를 쓰고, 남편이 성심껏 돕는다고 해도 엄마가 오롯이 감당해야 할 몫이 있다. 만약 이 엄마의 경우처럼 남편이 무심한 스타일이라면 더욱 심리적 부담감과 우울함이 심각해질 수밖에 없다.

따라서 아이 아빠와의 상담은 필연적이었다. 당연하게도, 그는 아내가 그렇게 힘들어하는 줄 몰랐다고 반성하면서 앞으로 아내의 짐을 덜어주도록 노력하겠다고 다짐했다. 그렇게 지내다 보니 어느 날 메시지가 왔다.

'선생님, 긍정적인 마음과 의지로 우울증을 극복하라고 하셨잖아요. 드디어 우울증 약을 복용하지 않아도 된다는 의사선생님의 진단을 받았어요. 감사드려요.'

● 아이와 엄마 인생 둘 다 중요하다

마치 연예인을 관리하듯 아이를 철저하게 케어하는 '매니저' 같은 엄마를 가끔 본다. 발 빠르게 정보를 입수하고 치밀하게 스케줄을 짜서 한치의 오차도 없이 아이를 '관리'한다. 마치 하나의 예술품을 정성 들여 만드는 장인 같아 보이기도 한다.

언젠가 〈화성인 바이러스〉라는 프로그램에서 극성맞은 엄마들이 출연해 이야기하는 것을 보고 놀란 적이 있는데, 실제 상담을 하다보면 거기에 견줄 만한 엄마들이 주변에도 적지 않다는 것을 알게 된다.

매니저 역할을 자처하는 엄마들의 특징은 늘 조급해한다는 점이다. 다른 아이보다 뒤처질까봐 전전긍긍하며 아이 스스로 처리하기 어려운 일이 생기면 뭐든지 대신 해주기 위해 1분 대기조 상태로 늘 준비하고 있다.

그녀들은 간혹 아이의 실수는 곧 엄마의 실수라고 생각하며 죄책감에 빠지기도 한다. 아이보다는 엄마가 만족해야 하므로, 아이는 엄마의 기준에 따라 만들어지곤 한다. 아이의 인생이 엄마의 인생으로 대치되고, 엄마의 인생은 그냥 사라져 버리는 것이다. 아이는 아이대로 자신만의 인생을 잃고, 엄마는 엄마의 인생을 살지 못하니 모두가 불행한 삶일 수밖에 없다. 뒤늦게 '가족을 위해 내 모든 것을 희생했는데 남은 게 없다'며 힘들어하는 엄마들을 보게 되는데 그럴 때마다 '자업자득'이라는 말이 떠오른다. 자기 인생은 자기가 챙겨야 하는 법이기 때문이다.

특히 요즘 후천적인 문제아들이 많은데 문제아 뒤에는 꼭 문제의 엄마들이 있다. 학교 폭력 사건으로 7명의 가해자 학생이 처벌을 받았는데, 피해 학생에게 사과를 하라고 하자 가해자 학생 중 2명이 끝까지 잘못을 뉘우치지 않았다고 한다. 그런데 끝까지 사과하지 않았던 아이들의 부모 역시 '우리 아이가 그럴 리가 없다'는 말만 되풀이했다고 한다. 아이의 인생이 곧 자신의 인생이므로, 아이의 잘못을 인정하게 되면 그것은 곧 자신이 인생을 잘못 살았다는 증거가 되기 때문이다.

이는 정상적이지 않은 양육방식이다. 교육열이 지나치면 아이의 정서가 바르게 자랄 수 없다. 어릴 때 형성된 인성은 평생을 가는데, 그 시간에 예절이나 미덕이 아니라 공부하기에 바쁘다. 영어나 한글, 숫자는 조금 일찍 배우거나 조금 늦게 배우거나 다 똑같은데 말이다.

중요한 것과 중요하지 않은 것을 구분하고, 시기에 맞는 교육을 시작해야 한다. 의욕만 앞서 순서를 망각하면 엄마도 힘들고 아이도 힘들다. 그래서 요즘 엄마들은 '정말 아파도 아플 시간이 없다'고 말한다. 아이 교육 때문에 아파도 마음 편히 쉬지 못할 만큼 바쁘게 살기 때문이다.

그렇게 헌신하며 살아도 아이가 내 마음에 들게 100% 잘 자라 주지는 않는다. 물론 그 나름으로도 예쁜 아이라는 것을 알지만, 성에 차지 않으니 '내 잘못인가' 싶어 좌절하게 되고, 결국 아이와의 갈등으로 이어지고 만다. 동시에 '나는 무엇 때문에 살고, 누구 때문에 살고 있는가', '나는 과연 좋은 엄마인가'라는 고민을 하게 된다. 남편과 아이만을 위해서 살았는데 뒤돌아보니 자신을 위해서는 아무것도 해놓은 것이 없고, 그렇다고 그 공을 인정받는 것도 아니다. 입에서 '내 인생 돌리도!' 소리가 절로 나온다.

아이를 잘 키우기 위해 엄마의 인생을 포기할 필요는 없다. 한번 곰곰이 생각해보자. 아이 때문에 바쁘다고 하지만, 진정으로 그것이 아이를 위한 일인가. 유행하는 교육방식을 따라가느라, 엄마 모임에 가서 옆집 아이는 뭘 하는지 염탐하느라 바쁜 것은 아니었는지.

요즘 별의별 교육법이 책으로도, TV로도 나온다. 엄마는 솔깃할 수밖에 없다. 그러나 엄마의 눈과 귀는 책이나 TV가 아니라 아이에게로 향해 있어야 한다. 아이는 늘 그 자리에서 엄마만을 원하는데, 엄마는 아이를 위한답시고 남의 이야기에만 귀를 기울이고 있으니 과연 누구를 위한 교육이란 말인가.

자녀의 특성에 맞는 교육이 최고의 교육이다. 뭔가 하나라도 더 해주기 위해 분주히 돌아다니는 것보다 아이에게 시선을 고정하고 지켜봐 주는 것이 더 나을 때도 있는 법이다. 자녀의 성품과 자질을 발견하고 길러주는 것이 부모의 진짜 역할이기 때문이다. 남들보다 뒤처진다고 생각했던 방법이 오히려 지름길이었다는 것을 언젠가 깨닫게 될 것이다.

아이의 스케줄을 위해 유료 컨설팅까지 받는 엄마들도 있다. 매일 함께 지내는 엄마도 아이의 성향을 100% 이해하기 어려운데 남이 짜주는 컨설팅으로 이루어지는 교육이 효율적이라는 것을 어떻게 장담할 수 있을까. 내 아이를 잘 이해할 수 있는 사람, 내 아이의 미래를 진심으로 걱정하고 관찰할 수 있는 사람은 엄마밖에 없다.

자신의 인생을 충실히 살면서 아이의 인생에 필요 이상으로 관여하지 말고 지켜보자. 아이가 오롯이 자기가 원하는 길을 걸어가는 모습을. 진정한 교육이란 아이를 업고, 안고 가시밭길을 헤치고 가는 것이 아니라 그냥 옆에서 함께 걸어가는 것이다. 아이가 뭔가에 걸려 넘어지면 손잡아 일으켜 주고, 두려움에 떨면 토닥토닥 어깨를 두드려 주면 될 일이다. 언젠가 비로소 아이의 두 다리가 튼튼해졌을 때, 힘차게 달려가는 뒷모습을 흐뭇하게 바라봐주는 것. 그것만으로도 엄마의 몫은 충분하지 않을까.

- 아픈 마음과 지친 몸을 치유하기 위해서 내가 할 수 있는 것을 찾아봅시다.
- 행복했다고 느꼈던 순간들을 회상해 봅시다.

⟨ 엄마라는 이름 I ⟩

04

난 지금 행복한가, 그렇지 않은가

⌄

● **남과 비교하지 말고 과거와 비교해라**

　누구나 '이 사람과 함께라면 영원히 행복할 것 같다'는 막연한 기대 속에 결혼한다. 그러나 행복도 잠시 막연함은 곧 막막함으로 바뀐다. 큰 욕심을 부리는 것도 아니다. 그저 남들 사는 것만큼만 사는 것도 사실 엄청 힘들다. 전세값은 하늘 높은 줄 모르게 치솟고, 아이들이 자라남에 따라 들어가는 돈은 무한정이다. 누가 그랬던가. 평범하게 사는 것이 가장 어렵다고.

　신혼 초 파이팅 넘치던 사랑과 열정은 어디론가 사라져버리고, 시간이 흐르고 일상에 찌들면서 어느 날 갑자기 그냥저냥 목표 없이 살아가는 내 모습을 발견하게 된다. 희망도 의지도 없이 무기력증에 빠져 있는 나를.

문득 '어디서부터 잘못된 걸까?' 고민하게 되는 지점이 있다. '결혼을 잘못한 걸까? 남자를 보는 눈이 없었던 걸까? 왜 나는 능력 있고 자상한 남자를 만나지 못한 걸까? 나에게 문제가 있는 것은 아닐까?' 생각의 연쇄작용은 거슬러 올라가 결국 어린시절까지 되짚어 보게 된다.

나는 가난한 집에서 태어나 부모님의 사랑도 온전히 못 받으며 자랐다. 다른 복 하나 없이 오로지 일복만 터진 인생이었다. 동생 뒷바라지를 하느라 10대와 20대를 보냈지만, 결혼해서도 사정은 나아지지 않았다. 아이들 키우는 재미도 느끼지 못할 정도로 24시간이 모자랐다. 남편과의 사랑도 별반 특별하지 않았다고 생각했기 때문에 '나는 불행하다'라는 생각까지 들곤 했다.

한번은 1년에 딱 한 번 휴가를 가는데 하필 비가 왔다. 가는 내내 차가 막혔는데, 지친 우리 가족은 텐트에서 하룻밤을 보내기로 했다. 축축한 텐트에서 아이들과 끼어서 자고 아침에 일어나자 몸은 무겁고 눈은 퉁퉁 부어 있었다. 아침은 간단히 라면으로 해결했다. 남들처럼 럭셔리하게 리조트로 가지는 못할망정 비 오는 날 야영이라니, '휴가

한 번 참 궁상맞네'라고 생각했던 것 같다. 내 집 마련도 늦어져 다섯 번이나 이사를 해야 했고, 아이를 낳은 지 얼마 되지 않은 몸으로 일과 살림, 육아를 동시에 해내느라 초죽음 직전까지도 갔었다.

그때를 생각하니 괜히 웃음이 난다. 지금의 나는 그 당시의 내가 간절히 원했던 모든 것을 다 가지고 있다. 삶의 여유, 사회적 지위 그리고 명예 등. 그런데도 '그때가 좋았지'라는 생각이 드는 것은 무슨 이유인가. 눈물이 쏙 빠질 만큼 힘들었던 시간들이 이제는 모두 아름다운 추억처럼 느껴지니 참으로 아이러니하다.

누가 그랬던가. '남과 비교하면 불행해지고 과거와 비교하면 행복해진다'고. '누구네 집은 몇 평에서 사는데, 옆집 아이는 벌써 알파벳을 외운다는데 우리 애는 왜 아직 한글도 못 뗄까. 친구 남편은 벌써 과장 달았다는데, 우리 남편은 아직도 평직원이라니 창피해.' 등등. 100% 만족하는 삶은 없다. 남이 가진 제일 좋은 것과 내가 가진 평범한 것을 비교하고 있으니 이것은 시작부터 불리한 게임이다.

내가 행복한가, 행복하지 않은가의 기준은 남이 아니라 어제의 나여야 한다. 어제보다 조금 더 나이 먹은 만큼, 현명해지고 아름다워지는 사람. 진짜 행복한 사람은 그런 사람이 아닐까.

● 행복과 불행의 이유, 가족

미국의 커너먼 교수가 미국 기혼 여성들을 대상으로 설문조사를 실시했다. '누가 가장 피곤하게 하느냐'라는 질문에 조사 결과는 아주 흥미로웠다. 1위는 남편, 2위는 자녀들이었다. 가장 사랑하고 아끼는 가족이지만, 동시에 정신적으로 귀찮고 힘든 것이다.

'난 지금 행복한가, 그렇지 않은가' 끊임없이 자신에게 던져보아야 할 질문임에 틀림없다. 행복은 큰 행운이 아니라 연속되는 작은 기쁨에서 오고, 좋은 기분을 가질 수 있는 일에 투자하는 데에서 온다고 한다. 즐겁지 않은 일을 수동적으로 하기보다 내가 좋아하는 일의 비중을 조금씩 늘려나가는 것이 행복임을 느끼게 하는 대목이다.

우리는 어려운 일에 도전했을 때 쉽게 해결되거나, 생각 이상의 성과를 거두게 되면 보람과 행복을 느낀다. 반면 결과가 좋지 않으면 자신이 불행하다고 생각한다. 과정보다는 결과를 중요시 여기기 때문이다. 물론 결과를 무시할 수는 없다.

하지만 과정 또한 소중히 생각하자. 예를 들어 30평대 아파트 입주가 목표라면 돈을 아껴 쓰고, 저축해야 한다. 아이를 명문대에 보내는 것이 목표라면 가족의 보이지 않는 배려와 희생이 필요하다. 이러한 목표들을 이루는 과정을 고통스럽다고만 생각한다면 인생의 50%를 불행하게 보내게 될 것이다. 모든 결과는 과정이 있어야 얻을 수 있고, 과정이 어렵고 힘들수록 결과는 크고 달콤하다. '여정이 곧 보상이다'라고 하지 않은가.

넘치는 풍요 속에서 내가 가진 것에 대한 고마움보다는 가지지 못한 것에 대한 불평과 불만으로 살아가는 사람들이 많다. 남과 비교하며 현실 탓, 남의 탓 등 늘 부정적인 사고로 살아가는 것은 불행해지는 지름길이다. 이제 행복해지고 싶지 않은가.

러시아의 대문호 도스토예프스키는 '불행한 사람은 자기가 행복한 줄 모르는 사람이다'라고 말했다. 물고기는 물속에 살면서도 물에 대한 고마움을 모르며, 우리는 가족과 함께 살면서도 가족의 소중함을 모를 때가 많다. 주변에 있는 사람들을 소중히 여기면서 서로에게 감사하며 산다면 얼마나 좋을까? 하지만 사람들은 소중한 것의 가치를 잊은 채 살아간다.

아침마다 밤새 일어난 수많은 사건사고를 다룬 뉴스가 방송된다. 하지만 우리 가족에게는 밤새 아무 일도 일어나지 않았고, 다치지도 않았으며, 심지어 내 옆에서 코를 골며 평화롭게 자고 있다. 이러한 시각으로 보면 세상은 경이로움의 연속이다.

자신이 불행의 아이콘이라고 생각된다면 오늘만은 그런 생각을 지워보자. 데일 카네기가 쓴 〈행복론〉을 보면서.

1. 오늘만은 행복할 것
행복은 내부에서 오는 것이지, 외부에서 오는 것이 아니다.

2. 오늘만은 현실(가족, 사업, 행운 등)을 그대로 받아들일 것
내 기준에 맞추려 들지 말자.

3. 오늘만은 몸을 돌볼 것
잠시라도 시간을 내어 휴식을 취하거나 운동을 하자.

4. 오늘만은 유쾌하게 지낼 것
부정적인 생각을 버리고 단순하게 생각하자.

5. 오늘만은 오늘 하루를 살 것
인생의 모든 문제를 단번에 결판낼 수는 없다.

내가 행복해야 남편과 아이들을 행복하게 해줄 수 있다. 100세 시대 남편과는 짧아도 60년, 아이들과는 짧아도 20년을 동행해야 한다. 행복한 동행을 위해 작은 즐거움과 기쁨에도 감사하자. 자기 역할에 충실하고, 따뜻한 마음을 갖자. 현실을 인정하고 미래를 꿈꾸자. 당신

에게는 행복해질 권리가 있다. 사랑하고 결혼하고 아이를 낳고, 이 모두 행복해지기 위한 나의 선택이 아니었던가.

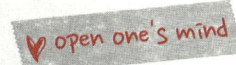

- 가족의 행복을 위해 당장 해야 할 숙제는 무엇일까요?
- 하루 중 언제 가장 행복한가요?

⟨ 엄마라는 이름 I ⟩

05

신비로운
생명의 탄생,
엄마 되다

∨

● 어제 일처럼 생생한 아이 낳던 날

    어려서부터 고집이 센 큰 아들은 자기가 갖고 싶은 것이 생기면 몇날 며칠이고 떼를 써서 가져야 했다. 돌이 지난 어느 날인가 롯데월드를 갔는데 풍선을 사달라고 지하 매장 앞에서 많은 사람들이 다니는 길목에 큰 대 자로 누워버렸다. 그런 아이가 크면서 조금 나아지나 싶더니 내가 옆에 없으면 TV와 카세트 등을 다 분해해버렸다.

    사실, 큰 아들은 출산하면서 나를 너무 놀라게 했다. 진통을 느끼고 병원에 가서 기다리는데 남편과 시댁 어른들은 미사를 보고 오시겠다고 했다. 불안한 마음에 다음에 가면 안 되겠냐고 말씀드렸지만, 아이가 그렇게 쉽게 나오는 건 아니니 걱정 말고 기다리라는 여운만 남긴 채 성당으로 향하셨다. 나는 혼자 출산의 고통을 감당해내다 결국 급하게 분만실로 옮겨졌다. 이러다가 어떻게 되는 것은 아닌지 정말 무서웠다. 아이 머리가 큰 바람에 기계까지 동원되었고 3명의 간호사가 배를 눌러대기를 한참 지나서야 아이가 태어났다. 그런데 의사선생님께서 급하게 보호자를 부르는 것이 아닌가. 그때서야 비로소 깨달았다. 아이가 울지 않는다.

'분명 뭔가 잘못 되었다'는 생각에 조금 전의 고통은 어디로 가고 절망에 휩싸였다. 그 다음 들려온 의사의 선고는 나를 비탄에 빠뜨렸다. "아이가 탯줄을 감고 태어났습니다. 잘못될 수 있으니 확인해 보십시오."

난 도저히 아이를 바라볼 수가 없었다. 만약 내 아이가 잘못된다면, 상상도 하기 싫은 일이었다. 몇 분밖에 안되는 시간이 수년처럼 느리게 흘러갔다. 온 마음을 다해서 아이가 무사하기를 기도했다. 이윽고 의사선생님께서 목에 감은 탯줄을 풀어주자, 아이는 힘들게 헉헉, 숨을 몰아쉬다가 드디어 울음을 터트렸다.

나는 분만실에서 아픔도 잊고 펑펑 울었던 기억이 난다. 탯줄을 감고 태어나 얼마나 힘들었을까를 생각하면 아직도 그날의 일이 꿈만 같다.

막내를 낳을 때의 상황은 더 심각했다. 임신 7개월 되던 어느 날, 갑자기 배가 너무 아팠다. 배가 돌덩이처럼 단단해지기까지 해서 불길한 예감에 병원을 찾았다. 도착하자마자 산모와 뱃속의 아이가 위험하니 바로 더 큰 병원으로 가야 한다고 했다.

결국 수술을 받아야 한다고 했다. 당시 난 단호했다. 내가 죽더라도 아이를 죽일 수는 없다고 의사선생님께 말했다. 아이는 목숨을 바쳐서라도 자신을 지키고 싶어 하는 엄마의 마음을 알았나보다. 입원한지 3일이 지나던 날, 아이는 두 바퀴나 목에 감은 탯줄을 스스로 뱃속에서 풀었다.

나뿐만 아니라 세상의 모든 엄마들에게 잉태의 순간은 절대 잊을 수 없는 소중한 경험이다. 내 몸 안에서 새로운 생명이 자라난다는 신비함, 커다란 울음소리로 인사하며 세상에 나와 첫 대면했을 때의 감동을 세상의 그 어떤 기쁨과 비교할 수 있을까. 물론 몸이 찢겨지는 듯한 고통이 수반되기는 하지만 말이다.

● 평생 잊히지 않을 위대한 경험

첫 아이가 태어나기를 기다리면서 나는 늘 기도했다. 어려운 사람을 돕고, 남에게 필요한 사람이 될 아이를 갖게 해달라고 말이다. 기도를 하는 날이면 늘 창밖에는 보름달이 환하게 나를 비추었고, 그 보름달을 보면서 다시 한 번 멋진 엄마가 될 것을 다짐했었다. 아이러니하게도 큰 아들은 정월 대보름날에, 막내는 9월 대보름날에 태어났다. 우연이라기엔 참으로 신기한 일이다.

기쁨도 잠시, 큰아들은 황달이 심해 추운 겨울임에도 불구하고 햇볕을 쬐어 주어야 했고, 밤마다 울어서 매일 안아서 달래주다가 태어난지 15일만에 업어주니 울지 않았다. 고개도 가누지 못하는 상황에 업어 키운 아이는 극히 드물다는 생각을 해본다.

그렇게 큰 아들은 유별났다. 난 백일 되던 날, 이 세상의 모든 엄마들에게는 왕관을 씌워줘야 한다고 생각했다. 엄마 되는 일이 이렇게 힘든 일이라고, 왜 아무도 이야기해주지 않았던가. 하긴, 직접 경험해보지 않고서는 절대 알 수 없는 고통일 것이다.

누구에게나 엄마가 되는 것은 힘든 만큼 소중하고 위대한 경험이다. 엄마가 되고 나서 얼마나 많은 것들이 변했는지 생각해보자. 주위에서 나를 보는 시선도 달라졌겠지만 무엇보다 가장 크게 변한 것은 바로 나 자신이다. '엄마'라는 이름이 주는 무게감은 세상의 어떤 것보다 더한 짐이다. 그러나 분명 행복한 짐이다.

　가끔 일상 속에서 몸과 마음이 지칠 때, 육아가 더 이상 기쁨이 아니라 지치고 힘든 의무로만 다가올 때, 출산 당시의 사진과 일기를 다시 한 번 꺼내보라고 권하고 싶다. 아이가 태어나면서 엄마의 인생도 알에서 깨어나온다. 아이가 새롭게 태어난 것처럼, 엄마도 새롭게 태어나는 것이다. 그때 느꼈던 놀라운 감정과 생명의 신비로움을 다시 되새겨본다면, 육아가 힘들기만 하지는 않을 것이다.

　지금이야 이렇게 쉽게 말하지만, 나 또한 아이를 낳고 나서 죽도록 힘든 시기를 거쳐야만 했다. 당시 이제 막 학원을 차리고 바쁘게 일을 해야 할 때 아이가 태어났다. 그래서 자리를 비울 수 없어 산후조리도 제대로 못한 채 직장으로 복귀했다. 일과 육아를 완벽하게 해내려고 하니 체력은 늘 바닥이었고, 머릿속은 늘 패닉 상태였다. 아마 미혼 때 비슷한 크기의 시련이 왔다면 도저히 감당할 수 없을 정도의 고난이었을 터였다. 그런데, 나는 한번도 '못 하겠다', '포기하고 싶다'라는 생각을 한 적이 없다. 아무리 힘들어도, 몸이 부서져도 해내야 했다. 나는 엄마니까.

　두 아들 모두 장성해서 제 몫의 일을 해내고 있는 모습을 보면 난 스스로가 대견스럽다. 아이들이 저렇게 자라기까지 내가 흘렸던 눈물과 고통, 한숨과 기쁨이 떠오르기 때문이다. 그리고 또 하나 신기한 것은, 그때는 분명 죽을 만큼 힘들었는데 지금 돌이켜 생각해보면 아무렇지 않게 여겨진다는 점이다. 늠름하게 자란 두 아이의 현재 모습이 충분한 보상을 해주고 있기 때문일 것이다. 그렇게 결국 난 해냈다. 엄마라는 이름으로.

지금 아이를 키우며 고통의 시간을 보내고 있을 젊은 엄마들에게 이야기해주고 싶은 말이 있다.

'당신은 결국 다 해낼 것이다!' 과정이 아무리 힘들어도 그 고통을 거름으로 삼아 아이는 쑥쑥 큰다. 아주 바르고 예쁘게. 그 과정의 고통쯤은 아무것도 아니게 될 날이 곧 올 것이다.

엄마가 되기 위해 건너야 했던 수많은 관문들은 아이를 자라게 하고 당신을 단단하게 만들어줄 것이다. 우리는 할 수 있다. 엄마라는 이름으로.

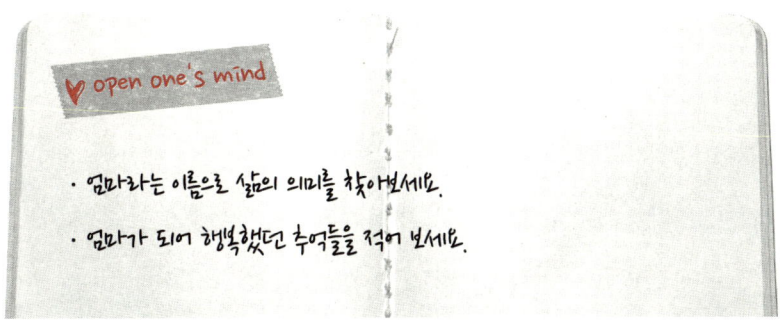

- 엄마라는 이름으로 삶의 의미를 찾아보세요.
- 엄마가 되어 행복했던 추억들을 적어 보세요.

⟨ 엄마라는 이름 I ⟩

06

우리 마지막 섹스가 언제였더라

∨

● 곰 같은 아내? 여우 같은 아내!

내가 결혼하고 나서 가장 후회되는 일 중 하나가 '내숭'을 몰랐다는 점이다. 지금 생각하면 참 미련했다. 신혼 때부터 나는 내가 할 수 있는 일들을 혼자서 척척 다 해냈다. 그것이 독립적이고 당당한 아내의 모습이고, 남편에게 부담을 덜어 주는 일이라고 생각했다. 전등을 갈아 끼우거나, 무거운 가구를 옮기는 일도 남편 오기 전에 혼자 다 해냈고, 나중에는 웬만한 고장 난 물건은 다 고쳐서 쓸 정도였다. 그렇게 하면 남편이 나에게 고마워할 줄 알았다. 그런데 이것은 나의 커다란 착각이었다. 남편은 점차 시간이 흐르면서 남자가 해야 할 가사일까지 내 몫으로 미뤘고, 한술 더 떠 대놓고 시키기까지 했다.

"화장실 전등 나갔더라. 갈아야겠던데?"

"이제 화분은 다 들여놔야 하지 않겠어?"

가정에서 남편의 역할과 포지션이 점점 사라지고 있는 줄도 모르고, 나는 남편의 무심함이 서운하기만 했다. 그런데 한번 곰곰이 생각해보니 그런 남편을 만든 것은 바로 내 자신이었다. 남편이 나를 도와줄 기회를 박탈한 것이다. 혼자 알아서 다 해놓고, 해주지 않으니 힘들다고 투정 부리는 아내를 남편은 이해하지 못했다.

다 지난 일이긴 하지만, 내가 조금 더 여우 같고 현명했더라면 남편이 할 일을 적절하게 분담해 주었을 것이다. 전구를 직접 갈고, 무거운 가구를 번쩍번쩍 옮기는 아내보다, 환한 미소를 머금고 "대단한데? 당신은 역시 나에게 꼭 필요한 존재야"라고 응원해주는 아내가 훨씬 사랑스러운 법이다.

신혼 때는 굳이 밥을 먹지 않아도 잠을 자지 않아도 사랑하는 남편의 얼굴을 보는 것만으로 행복하다. 하지만 아무리 장작처럼 타오르던 사랑도 시간이 지나면서 점점 식어가기 마련이다.

"당신 요즘 얼굴이 왜 그래?"

"머리스타일 좀 바꿔보면 어때?"

"옷 입는 것 좀 신경 써."

애정이 없다면 이런 이야기조차 하지 않겠지만, 이런 지적에 기분이 좋을 리 없다. 버튼을 누르면 열리는 자동문마냥 반사적으로 대답한다.

"당신 뱃살도 만만치 않거든?"

"당신 옷 입은 스타일도 별로거든?"

결혼 3년 차가 넘어가면 슬슬 본색이 나온다. 남편이 결혼 후 처음 버럭 화를 내면 온갖 고민에 휩싸이면서 세상에서 가장 서럽고 불쌍한 여자가 된 것 같은 기분이 든다. 하지만 상황이 반복되면 상대의 행동패턴을 파악하게 되면서 화를 내도 '저러다 말겠지', '또 시작이네' 하며 마음의 여유를 갖고 대처하게 된다. 그렇게 상대에게 기대했던 환상들은 하나 둘씩 깨져간다.

결혼 후에도 내숭이 필요하다. 남편 앞에서는 남아도는 힘과 넘치는 의욕은 잠시 접어두길 바란다. 아내가 묵묵히 뚝딱뚝딱 집안일을 잘 해치우면 남편은 아내를 '내가 아껴 주어야 할 존재, 내가 지켜주어야 할 존재'가 아니라 '튼실한 우리 마누라', '일 잘하는 아이의 엄마로 인식하게 된다. 연애시절 같은 환경이 조성되지는 않겠지만 아내들이여, 제발 극과 극으로 변신(?)하지는 말자. 당신은 그의 아내이지 엄마가 아니다. 세상에 돌쇠 같은 여자를 품고 싶은 남자는 없다.

● 섹스는 부부를 이어주는 가장 질긴 끈

남편이 등을 돌리고 자기 시작한 게 언제부터였더라. 대부분 섹스리스가 시작되는 시점은 출산과 맞물려있다. 아이의 출산과 동시에 각방을 쓰기 시작하면서 서로 소원해지는 부부가 적지 않다. 10년 차 이상 부부들의 경우 '우리 마지막 섹스가 언제였더라?' 하며 가물가물해지는 날도 온다고 한다. 유혹하는 아내에게 남편이 "가족끼리는 그런 거 하는 거 아니야"라고 했다던 우스갯소리가 더 이상 남의 일이 아닌 것이다.

21세기형 히피처럼 살았던 후배가 아빠가 되고 나서 본능적으로 '아, 내가 돈을 열심히 벌어야겠구나!' 하고 느꼈다는 말에 충격을 받았던 적이 있다. 세상에서 가장 자유로운 영혼을 가지고 있었던 후배의 입에서 그런 말이 나오다니. 그때 나는 육아에 직접적으로 참여하지 않는다고 하더라도 '아빠'라는 이름의 무게가 '엄마'라는 이름보다 결코 가볍지만은 않구나를 느꼈다.

출산 후 제대로 잠도 자지 못하는 날들이 이어지면서 자연스레 신경이 날카롭게 곤두선다. 이렇게 지치고 피곤할진대 무슨 놈의 사랑을 재충전할 수 있다는 말인가.

그러나 나이를 불문하고, 남편에게 사랑받고 싶은 마음은 모든 아내들의 바람일 것이다. 언젠가 본 속옷 광고의 카피가 생각난다.

'언젠가부터 남편이 나를 훔쳐보기 시작했다!'

매일 아침 눈꼽 낀 얼굴부터 볼 꼴, 못 볼 꼴 다 보여주는 가장 가까운 사이지만, 때로는 페로몬향을 풀풀 풍기는 농염한 여인으로 다가가고 싶은 것이 여자의 마음이다. 그러한 여성들의 심리를 아주 잘 간파한 카피였다고 생각한다. 남편의 눈길을 받는 아내. 몇 년을 같이 지냈지만 그 누구보다 매력적인 아내.

그런 아내로 살기를 바라며, 섹스리스를 해소할 수 있는 방안을 몇 가지 공개한다.

가장 중요한 것은 의사소통이다. 얼굴만 마주치면 잔소리에 싸움만 일어나는 부부사이에 섹슈얼한 분위기가 조성될 리 없다. 다정함과 친밀감이 있는 의사소통, 특히 사소한 일들도 편안한 대화로 이끌어가는 기술이 필요하다. 서로에게 카운슬러가 될 수 있다면 더욱 성욕을 높여 줄 수 있다.

잠드는 시간과 깨는 시간을 가능한 한 맞춰 보려고 노력하자. 남편은 아침형, 아내는 저녁형 인간이라는 이유로 따로 자고 따로 일어나는 것은 각방을 쓰는 것과 다름없다. 이렇듯 진지한 대화를 나누고, 마사지를 해주고, 함께 잠자리에 누워 눈을 맞추는 것. 섹스리스를 부부생활의 위기로 생각하고 이를 극복하기 위한 적극적인 노력이 있어야 변할 수 있다.

그래도 어쩔 수 없이 아이에게 에너지를 많이 쏟기 때문에 정신적 육체적으로 서로에게 소원해질 가능성이 높다. 가끔은 가족이나 베이비시터에게 아이를 부탁하고, 둘만의 뜨거운 시간을 가져보는 것을 추천한다.

언젠가는 다시 둘이 될 날이 온다. 섹스는 부부 관계를 이어주는 가장 질기고 단단한 끈이다. 그 끈이 끊어지지 않게 하기 위해서는 부부 모두의 노력이 필요하다. 우연히 인터넷에서 발견한 좋은 글귀를 보고 공감했다. 한번 읽어보고 남편의 잠든 얼굴을 다시 한 번 바라보자. 그리고 무엇이 느껴지는지 곰곰이 생각해보자.

> 잠자리도 나이에 따라 달라진다고 하네요.
> 20대에는 부부가 포개져 자고,
> 30대에는 부부가 마주 보고 잡니다.
> 40대에는 나란히 천장 보고 자고
> 50대에는 등 돌리고 잡니다.
> 60대에는 다른 방에서 각자 자고
> 70대에는 어디서 자는지 모릅니다.
> 그러다가 80세가 넘으면 한 분은 방에서 주무시고

한 분은 산속에서 주무시게 되니

지금이라도 꼭 껴안고 한 방에서 주무세요.

함께 마주보고 잘 수 있는 여러분은 지금 행복하신 겁니다.

 open one's mind

- 지금 남편과의 잠자리는 몇 점일까요?
- 다시 예전의 정열을 되찾기 위해 어떤 노력들이 필요할까요?

< 엄마라는 이름 I >

07
이기적인 엄마로 살다

∨

○ 나의 엄마 점수는 몇 점일까?

　주위에 '내 삶의 이유와 목표는 아이'라고 얘기하는 엄마들을 종종 본다. 아이를 최고로 키우고 싶다는 욕심이야 어떤 엄마인들 없을까만은, 개인의 자아성취를 뒤로 하고 희생한다는 것은 결코 쉬운 일이 아니다.

　이따금 큰아들 학교에서 만난 학부모 모임에 나가면 도저히 나로서는 이해 못할 이야기가 쏟아져 나오곤 한다. 아이를 학원에 데려다 주고 차 안에서 몇 시간을 기다리는 엄마들이 꽤 많았다. 처음에는 학원에서 도망갈까 봐 그러는 건가 싶었는데 그게 아니었다. 팬티까지 다려주는 정성으로 아이를 키우는 것이 아닌가. 참 대단하다는 생각이 들었지만, 그리 옳은 양육방식이라고 생각되지는 않았다. 나는 그런 틈바구니 속에서 '아이가 하도록 놔두지 뭘 그렇게까지 하느냐, 안 해주면 할 수 없는 일 아니냐'고 말했다. 다른 엄마들은 나를 외계에서 온 엄마나 계모쯤으로 생각했을 것이다.

그런 엄마들을 만나고 온 날이면, 나는 엄마로서 몇 점일까 다시 한 번 생각하게 된다. 나는 워킹맘이었기 때문에 아이에게 올인하는 '천사표 엄마'는 될 수 없었다. 그나마 유치원을 경영한 덕분에 결정적 시기인 유아기에 내 아이들을 일터에서 키우며 성장과정을 지켜볼 수 있었다는 것은 참으로 다행스러운 일이었다.

막내는 엄마와 함께 다니는 유치원에서 3년 내내 한번도 '엄마'라는 호칭을 쓴 적이 없었다. 지나칠 때마다 그냥 씩 미소를 지었을 뿐이다. 어린 나이에 공사를 구분할 줄 알았던 걸까. 엄마를 생각하는 마음이 특별한 아이였다. 혹여 유치원 내에 쓰레기가 있거나 위험한 물건이 있으면 자기가 운영하는 유치원인양 줍고 치우는 모습이 얼마나 귀엽고 대견한지.

그렇게 3년을 다니고 졸업한 막내는 며칠 뒤 "엄마는 왜 유치원을 졸업 안 해요? 나는 졸업했는데……"라고 말했다. 곰곰이 생각해

보니 "유치원 좀 졸업하고 나랑 놀아줘요"라는 의미였던 것 같다. 늘 유치원 때문에 바쁜 엄마에게 서운한 마음이 있었던 건 아닐까, 지금 생각하면 조금 미안해진다.

초등학교를 입학해서는 딱 한번 따라가 주었는데, 나중에 "다른 애들은 한 달도 넘게 엄마가 데려다 주고 데리러 왔는데 엄마는 딱 한 번밖에 학교에 데려다 주지 않았어요"라는 말로 '무심한 엄마 아니냐'라는 뉘앙스를 풍기며 서운함을 표현하기도 했다. 나는 할 말이 없었다. 당시 낮에는 유치원을, 밤에는 대학원을 다녔기 때문에 아이들에게 손길을 줄 시간이 허락되지 않았던 것이다.

"배고프면 너희들이 밥 찾아 먹어. 투정부려도 할 수 없어. 엄마는 지금 바쁘니까 너희들이 엄마를 도와줘야 돼. 엄마 이제 힘들게 하기 없기야. 알았지?"

어린아이들에게 자주 이런 식으로 다짐을 받곤 했다. 다른 엄마들에 비하면 나는 정말 무심한 엄마로 느껴졌으리라.

그러던 어느 날 집에 일이 생겨 잠깐 들렀는데, 초등학교 1학년이었던 막내가 학교에서 돌아와서는 현관문 쪽을 바라보면서 상기된 얼굴로 말했다.

"얘들아, 이리 좀 빨리 와 봐. 우리 엄마야. 봐봐, 우리 엄마는 유치원 선생님이셔. 예쁘지?"

다른 엄마들에 비해 자주 얼굴을 볼 기회가 없는 귀한(?) 엄마인지라 얼른 친구들에게 엄마를 자랑하고 싶었나 보다. 달아날세라 옷깃을 꼭 잡고 이야기하는 막내를 보니 귀엽기도 안쓰럽기도 했다.

한번은 큰아들도 속내를 드러낸 적이 있었다.

"엄마는 자식들을 너무 풀어 키우신 것 아니에요? 다른 엄마들은 학원도 따라다니고 잔소리도 엄청 하던데, 난 이 다음에 장가 가면 내 자식 팍팍 때려가며 키울 거예요. 그래야 이것저것 다 잘할 것 아니에요."

오죽하면 저럴까 싶지만 나는 지금도 나의 '적당한 방임형 교육법'이 성공했다고 본다. 우리 애들은 어떤 힘든 일이 생겨도 스스로 문제를 해결하려 노력하고, 스스로 계획을 잡아 실천할 줄 안다. 엄마가 닦달하거나 일일이 간섭하지 않아도 알아서 잘하는 녀석들을 보면 대견하기도 하다.

● 조금 더 이기적인 엄마가 되기로 결심하다

큰아이가 저렇게 표현하긴 했어도 지금은 누구보다 엄마의 꿈을 이해하고 응원해주는 든든한 지원군이다. 엄마로서 일을 하거나 꿈을 이루려면 이기적이어야 한다. 엄마의 많은 시간을 할애하고 헌신해야 가정이 돌아간다면 엄마는 아무것도 이룰 수가 없다. 그러기 위해서는 먼저 가족에게 엄마의 꿈을 이해시켜야 한다. 왜냐하면 엄마의 꿈은 가족들의 응원과 배려가 있을 때 비로소 실현 가능하기 때문이다.

"우리 가족 모두 꿈을 이룰 수 있도록 서로 도와야 해. 엄마는 너희가 원하는 것을 이룰 수 있도록, 너희도 엄마가 꿈을 이룰 수 있도록 서로 돕자. 알았지?"

난 가끔씩 이런 다짐을 아이에게 받기도 했다. 엄마의 진심 어린 부탁에 외면하는 가족은 없을 것이다. 오히려 엄마의 꿈에 자신이 일조할 수 있다는 생각에 뿌듯해 할지도 모를 일이다. 거기에 맞게 엄마가 할 일을 서로 분담해서 역할을 줄일 수 있도록 해야 한다. 이때 중요한 것은 엄마 자신으로 인해 가족에게 피해를 주고 있다고 생각해서는 안 된다는 것이다. 그런 생각으로는 꿈이 실현되기 어렵다.

오래전부터 알고 지내던 언니가 있다. 그녀는 무용을 전공했는데, 육아에만 전념하다가 아이들이 모두 대학에 진학한 후에 취미생활을 시작했다. 그러다 오랜만에 연락이 되었는데 어릴 적 꿈이었던 그림 그림을 배우기 위해 미국으로 건너가 1년간 학교를 다녔다는 게 아닌가.

"아니, 어쩜 그렇게 통화가 안 되나 싶었는데 미국을 다녀왔다고요? 그것도 1년씩이나요?"

"설마 남편이 보내줄까 했는데 흔쾌히 승낙을 해주지 뭐야. 지금까지 자식 낳아주고 키워주고 할 만큼 했는데 나를 위해 1년 정도는 배려해 줘야지. 나 미국에 가서 미술품도 사왔어. 원래 무용보다 그림 그리기를 좋아하기도 했지만, 이번에 그림을 많이 소장하고 계신 좋은 분을 만나서 많이 공부하고 왔지. 아직은 신인작가 작품이라 그림도 저렴하게 구입할 수 있었고, 이번에 가서 얻은 게 너무 많았어. 기회 되면 다시 한 번 나갔다 오려고 해."

그녀의 소식을 오랜만에 전해 듣고 얼마나 기뻤는지 모른다. 평생 가족들을 위해 희생만 하는 엄마의 시대는 이미 지났다. 늦게라도 자신의 꿈을 찾아 새로운 인생을 시작해야 할 때인 것이다. 통화를 끝내기 전 그녀는 한 마디를 덧붙였다.

"나만을 위한 시간을 가진 게 얼마만이었는 줄 아니? 무려 20년 만이었어. 꿈을 이루지 못하더라도 좋아. 온전히 나를 위한 시간을 가져본 것, 그것만으로도 나에겐 이 세상에서 돈으로 살 수 없는 가장 큰 선물이었거든."

통화를 끝내자 속이 다 시원해졌다. 더불어 문득 내 삶을 되돌아보게 되었다. 그동안 아내로서, 엄마로서, 그리고 일하는 여자로서 삶을 모두 만족시키느라 한번도 나만의 시간을 가져본 적이 없었다는 사실을 깨달았다.

나도 좀 쉬어야겠다며 혼자 여행을 훌쩍 떠나보기를 했나, 지금껏 고생한 나 자신을 위해 명품백 하나 덜컥 사본 적이 있나. 뱃살이 겹치고 팔뚝살이 단단해져가도 주름과 기미가 하나둘 늘어가도 비싼 화장품 하나 제대로 사본 적이 없다. 그동안 나름대로 이기적인 엄마였다고 생각했는데, 아직 먼 것 같다. 나, 조금 더 이기적으로 살아도 되지 않을까? 거울 속 내 모습을 보며 슬쩍 미소를 지어보는 오늘이다.

- 아이를 키우면서 가장 힘들었던 기억은?
- 꿈을 이루기 위해 이기적으로 살아가는 것에 대한 나의 생각은?

< 엄마라는 이름 I >

08

좌충우돌 엄마의 시행착오

⌄

◯ 갈대 같은 엄마의 마음, 과연 어디로?

　임신과 동시에 '출산부터 육아까지'라는 책을 열심히 파고, 분유회사별로 예비맘 클래스에 쫓아다녀도, 옆에서 도와주는 친정엄마나 시어머니가 계셔도 어쩔 수 없이 아이를 처음 키워보는 엄마들은 많은 시행착오를 겪을 수밖에 없다. 모든 것이 낯설고 혼란스러운 가운데 극성맞은 옆집 엄마와 만나고 난 뒤나, 육아 파워블로그를 정독한 뒤에는 한 가지 생각밖에 들지 않는다.
　'대체 나는 그동안 뭘 하고 있었던 거지?'

그런데 한해 한해 갈수록 아이는 더욱 통제 불능 상태가 되어가니, 엄마의 시행착오 스케일은 커질 수밖에 없다. 얼마 전 한 학부모로부터 메일을 한 통 받았다.

"저는 세 살과 네 살 연년생을 키우고 있는 두 아이의 엄마입니다. 모범을 보여줘야 아이가 바르게 자랄 텐데 남편과 티격태격하며 언성이 높아질 때가 많습니다. 그럴 때마다 제 감정을 추스르기가 힘들더군요. 그래서 애꿎은 애들한테만 화풀이를 할 때가 점점 많아지고 있어 마음이 아픕니다.

며칠 전에도 일관성 있는 좋은 엄마가 되어보려고, 서점에서 자녀교육서를 사서 읽었죠. 읽을 때는 '아, 고쳐야겠구나!' 했는데, 오늘 막상 상황에 부딪히니 또 제 자신이 통제하기가 힘들더군요. 마음을 다잡고 반성을 하며 각오를 새롭게 다지는데도 똑같은 일을 반복하는 제 자신이 너무 밉네요. 이러다가 정신과에 상담이라도 받으러 가야하는 건 아닌지 모르겠다는 생각으로 이렇게 메일을 보내게 되었습니다. 선생님께서는 많은 엄마들 아이들과 지내시니 저에게 필요한 좋은 조언을 간절히 바랄게요."

나는 바로 답장을 보냈다.

"어머님, 메일을 받으니 예전 저의 모습들이 불현듯 생각났습니다. 두 자녀, 그것도 연년생으로 키우시느라 얼마나 고생이 많으세요. 두 아이를 키우다보면 남편 문제가 아니더라도 화가 나서 언성이 높아질 때가 많이 생겨나지요. '아들 셋을 키우면 벙어리도 입이 터진다'는 말은 언뜻 보면 웃기지만, 여기에는 육아에 따르는 고통이 함축적으로 들어가 있지요.

저는 사실 아이들을 키울 때 체벌을 거의 하지 않았답니다. 큰아이가 말을 안 들어 야단을 몇 번 쳐보니까 제 목소리와 화의 수위가 점점 높아지더라고요. 그러면서 아이의 행동을 통제하려는 의도 이상으로 제 목소리가 커지면서 감정조절이 안되더군요. 그래서 그때부터는 한 템포 늦춰 생각한 후에 차분하고 조리 있게 아이가 이해하도록 훈육을 하곤 했답니다. 그런데 이 방법이 아이가 성장하고 난 뒤에도 소리치는 훈육보다 더 큰 훈육이 되더라고요.

아이가 자라면서 엄마도 성장합니다. 누구나 그렇습니다. 처음부터 완벽한 엄마가 어디 있겠습니까. 자꾸만 아이에게 언성을 높이게 된다면 1분 정도 참은 후에 이야기를 시작하거나 이것도 힘들다면 이예 집 밖으로 잠시 나갔다 오는 것도 좋은 방법이랍니다. 집 밖 벤치에 앉아 한숨 돌리며 어떻게 아이를 훈육할까를 고민하다 들어오면 훨씬 아이와의 갈등이 줄어들게 됩니다. 이 방법도 어려우시다면 다시 한 번 메일 주시기 바랍니다."

● 시행착오를 겪으며 성장하는 엄마

손자병법에 '백전백승 비선지선'이라는 말이 있다. 백 번을 싸워 백 번 이기는 것이 아니라, 싸우지 않고 적을 굴복시키는 것이 최선이라는 말이다. 아이든 남편이든 필요 이상으로 훈육하면 자신의 잘못을 깨닫기보다 모욕감이나 슬픔이라는 감정을 더 크게 받아들인다는 것을 명심해야 한다. 또한 자존감이나 인격에 치명적인 말들은 평생 지울 수 없는 상처가 될 수도 있다는 것을 명심하자.

특히 아이가 연년생인 경우, 둘째 아이에 비해 첫째가 상대적으로 아주 많이 큰 것처럼 느껴지기 때문에 무조건 큰아이를 꾸짖는 경우가 많다. 터울이 있는 경우보다 육아에 대한 정신적인 압박이 더해져 아이에게 불쾌하고 힘든 감정들을 쏟아내는 것이다. 세상의 모든 부모들은 큰아이에게 잘해야 한다. 기꺼이 그들은 내 모든 시행착오의 대상이 되어주었으므로.

모든 지식은 경험의 산물이다. 이런저런 일을 겪으며 몰랐던 것을 새롭게 알게 되고, 더 나은 방법을 찾아가며 현명한 엄마가 된다. 양육서 몇 권을 훑어봤다고 좋은 엄마가 될 수는 없는 노릇이다.

많은 시행착오를 겪으며 엄마도 한 단계, 한 단계씩 성장해 나가는 것이다. 아이는 하루가 다르게 성장하는데 엄마는 계속 제자리에 머문다면, 이는 좋은 엄마라고 보기 힘들다. 아이와 함께 겪게 되는 수많은 좌절과 고민들이 엄마를 성장시키는 훌륭한 촉진제라고 생각하자. 머리로는 아는데, 실천이 안 된다며 자책하지 말자. 육아는 원래 그런 것이니, 다음부터 같은 잘못을 반복하지 않으면 될 일이라고 스스로를 다독이자.

사실, 좋은 엄마가 되는 것은 엄마가 결정할 수 있는 일이 아니다. 아무리 엄마가 잘해도 아이가 아니라고 느끼면 나쁜 엄마인 것이고, 반대로 세상이 아무리 나쁜 엄마라 해도 아이에게는 세상에 단 하나뿐인 소중한 엄마일 수 있다.

육아는 전쟁이다. 육체적, 정신적으로 스트레스도 많이 받고, 할 일들은 산더미처럼 쌓여간다. 1년간은 수유하고, 기저귀 갈고, 옷 빨고, 우유병 소독하고, 이유식 준비하는 것만으로도 벅차다. 돌이 지나 아장아장 걷기 시작하면 매일 밖에 나가자고 떼쓰고 졸라서 힘들고, 서서히 자기주장이 생기면서 반항을 시작해 엄마의 기를 다 빼앗아 간다. 이렇게 하루하루 폭삭 늙어가며 키워놨더니, 이성친구라도 생기면 엄마는 바로 찬밥신세다.

버겁고 힘든 일상의 연속, 하지만 이 순간에도 아이들은 성장하고 있다는 것을 잊지 말기 바란다.

미국인은 일어나서 잘 때까지 '좋다(Good)'고 한다.

"Good morning!" "Good night!"

그러나 한국인들은 말끝마다 '죽겠다'고 한다.

"졸려 죽겠다." "힘들어 죽겠다." "배불러 죽겠다."

그런데 정작 한국인들은 죽을 때 '걸, 걸, 걸' 하며 죽는다고 한다.

"좀 더 잘해 줄 걸." "좀 더 용서하며 살 걸." "좀 더 빨리 시작할 걸."

아이를 키울 때도 마찬가지로 적용되는 이야기다. 24시간을 엄마와 떨어지기 싫다며 울던 아이가 어느새 자라 24분만 이야기하자고 해도 자리를 피해버릴지 모른다. 후회만으로 현재를 보내버린다면 나중에 더 큰 후회를 하게 될지도 모를 일이다. 좌충우돌 시행착오를 겪는 이 세상의 모든 엄마들이여, 모두 힘내자!

 open one's mind

- 하루의 일과를 적어보고, 나를 위한 시간을 짧게라도 넣어보세요.
- 불필요한 일과 꼭 해야 할 일을 정리해보세요.

< 엄마라는 이름 I >

09
엄마의 이름으로 격정과 불안에 빠지다

∨

○ 대한민국 엄마들이 피곤한 이유

아이의 건강을 책임지는 엄마

아이의 미래를 책임지는 엄마

아이의 가치관을 책임지는 엄마

…

세상에 엄마가 책임져야 할 것들이 어쩌면 이렇게 많을까. 자식 키우는 엄마 입장에서 늘 걱정을 달고 살 수밖에 없는 이유가 여기 있다. 건강하고 크게 삐뚤어진 구석 없이 키우는 것만 해도 어려운 일인데, 제대로, 잘 키워야 한다니!

이러니 세상의 모든 엄마들은 피곤하다. 피곤이란 잠을 못자서, 혹은 몸을 혹사시켜서 오는 것만은 아니다. 실제로는 좌절, 실망, 실패, 분노 등 심리적 요인에서 오는 피곤이 훨씬 많다고 한다. 이번 주에 당신은 '피곤하다'라는 말을 몇 번 했는가? 너무 많은 책임들을 짊어지고 스스로 걱정과 불안을 만들어내고 있는 것은 아닌가?

늘 밝고 에너지가 넘치는 엄마가 있는 반면, 딱히 바쁜 일을 하지 않아도 늘 피곤하다는 말을 입에 달고 사는 엄마가 있다. 비전과 희망을 잃은지 오래고, 걸레질 한번 하는 데도 온몸이 천근만근이다.

최근 TV 광고에서 한 에너지드링크 광고를 본 적이 있다. 남편이 회사에 가 있는 동안, 큰아이 어린이집 보내고, 둘째 아이를 둘러업은 채 설거지하고 청소하고 빨래하고 다시 큰아이 데리고 와서 씻기고 밥 먹이기까지. 퇴근한 남편은 지쳐 널부러진 아내를 보고 한심하다는 말투로 한 마디 한다. "아줌마, 또 자?" 그러나 그 모든 피곤을 단숨에 날리는 다음 장면, 남편이 에너지 드링크를 하나 따서 내밀며 "내가 다 알지!" 격려해준다. 이 지점에서 나는 무릎을 탁 쳤다. 진짜 피곤은 몸이 힘들어서 오는 게 아니다. 내가 힘든 것을 누군가 알아주고, 격려해 준다면, 그로 인해 인정받고 보람을 느낄 수만 있다면 피곤은 다 날아간다. 즉, 정신적인 스트레스가 피곤의 가장 큰 원인이라는 얘기다.

그렇다면 주부들의 정신적 스트레스는 과연 어디에서 올까? 남편이나 시부모님 등 특정한 누군가로부터 직접적으로 받는 부분도 물론 있겠지만, 대부분 불확실한 미래로 인한 쓸데없는 걱정과 불안 때문일 경우가 많다.

걱정은 천사처럼 예쁜 아이가 태어나면서부터 시작된다. 우리 아이가 너무 작은 건 아닐까? 이유식을 왜 잘 안 먹지? 100일이 지나면 뒤집기를 한다는데 왜 아직 안 하지? 우리 아기가 너무 늦는 것은 아닐까?

그러다 잘 기지도 못해 걱정했던 아이가 갑자기 일어나 걷기라도 하면 복권에 당첨된 사람처럼 "어머! 어머! 어머!" 소리가 절로 나온다. 유치원 가는 날 아침, 아이가 가지 않겠다고 울기 시작하면 그 모습이 안쓰러워 함께 우는 엄마들도 있다. 편식을 해서, 또래 아이들과 어울리지 못하고 혼자 놀아서, 공격적이라서, 놀이에 집중하지 못해서, 한글에 관심이 없어서, 산만해서 등등 아이를 키우면서 늘 걱정을 안고 살아가는 게 엄마다.

걱정뿐이겠는가. 걱정이 많아지면 불안해지기 시작한다. 가사와 양육을 병행하다 보면 '내가 잘하고 있는 게 맞나?' 하는 걱정으로 시작해 지근지근 머리도 아프고 소화도 잘 안되고 우울해지기까지 한다. 집 밖에 나가기도 싫고, 다른 사람과 대화하는 것 자체도 꺼려진다. 이러한 감정이 최고조에 이르면 남편이 말하고 행동하는 것 모두가 못마땅하게 보여 부부싸움이 자주 일어나기도 한다.

○ 악순환의 고리를 끊고 건강한 양육을!

이렇게 많은 엄마들이 쉽게 불안해지는 이유는 무엇일까? 불안은 인간의 기본적인 방어기전이다. 아이를 잘 키우고 싶은데 힘들고 어렵고 두려운 마음이 불안으로 표현되는 것이다. '우리 아이는 다른 아이보다 뛰어나야 돼, 성공해야 돼'라는 강박관념을 가지고 있으면 만사가 괴롭다. 옆집 아이, 앞집 아이를 보면 우리 아이보다 무엇이든 잘하는 것 같다. 그래서 어떻게 하면 보다 나은 아이가 될 수 있을까 고민하고, 끊임없이 걱정하면서 몸을 긴장상태로 만든다. 여기에 신경까지 곤두서 있다.

이러한 긴장상태가 오래 지속되면 당연히 몸에도 영향을 미친다. 어깨는 곰 두 마리가 올라앉은 듯 결리고, 조금만 일을 해도 어깨와 허리의 통증이 엄습하며, 툭하면 두통에, 때 되면 생리통까지. 내 몸이 이 지경이면 아이고 남편이고 다 피곤하고 귀찮을 수밖에 없다. 짜증이 폭발하면 죄책감으로 스스로를 탓하는 악순환이 이어진다.

아이에게 늘 피곤한 엄마, 항상 짜증내는 엄마, 누군가를 탓하고 험담하는 엄마로 기억되고 싶은가. 대부분 그렇지 않을 것이다. 쓸데없는 걱정과 불안을 해소해야 하는 이유가 여기에 있다. 마음이 편안한 엄마는 표정부터가 다르다. 당연히 아이의 표정도 다르다. 아이를 행복하게 만들고 싶다면, 스스로 걱정을 해소할 수 있는 현명하고 지혜로운 엄마가 먼저 되어야 할 것이다.

그렇다면 어떤 엄마가 지혜로운 엄마일까? 어떻게 해야 내 자신과 가족 모두가 행복할 수 있을까? 선배엄마로서 아이를 키우면서 불안해질 때마다 내가 썼던 방법을 공유해보고자 한다.

1. 기대와 욕심을 버린다.
2. 지나친 간섭은 자제한다.
3. 평안함을 추구한다.
4. 비교하지 않는다.
5. 실수를 용서한다.
6. 마음을 비우고 자세를 낮춘다.
7. 있는 그대로를 인정하고 받아들인다.

8. 희망과 꿈을 가진다.
9. 기쁨과 슬픔 고통을 나눈다.
10. 즐길 수 있는 일에 몰입한다.

　인생에 정답은 없듯이 자녀를 키우는데도 답은 없다. 그러나 위의 10계명만 지킨다면 엄마와 아이 모두 행복할 수 있다. 아이의 눈빛에서 답을 찾아라. 욕심과 불안을 접고 바라보면 아이가 정말 원하는 것이 무엇인지 자연스레 보인다. 엄마는 가끔 아이가 옳은 길로 가고 있는지 가끔씩만 체크하면 된다. 걱정과 불안이 행복을 잠식하도록 내버려 두어서는 안된다. 엄마의 불안은 아이에게로 전이된다. 아이의 행복을 위해서라도 걱정과 불안은 제발 접어두자!

 open one's mind

- 최근의 걱정과 불안은 무엇인가요?
- 걱정과 불안들을 없애기 위한 나만의 해결책은 어떤 것들이 있을까요?

< 엄마라는 이름 I >

10
무관심한 아빠, 그래도 이만한 남자는 없다

▼

● 당신의 남편은 어떻습니까

    누군가가 카페에 '남편 자랑 댓글'을 달아 달라는 글을 올렸다. 그러자 하나둘 댓글이 달리기 시작했다.

➡ 우리 남편은 아이한테 좋은 아빠예요. 설거지 좀 하라고 하면 다섯 살짜리 아이 다칠까봐 옆에 있어 줘야 한다고 방에서 꼼짝하지 않습니다.

➡ 우리 남편은 몸개그 정말 잘해요. 굳이 안 해도 당신 몸 웃기다고 말하고 싶지만 참습니다.

➥ 우리 남편은 낙천적입니다. 지금 빚이 집 대출 6000만 원에, 주식하다 8000만 원짜리 마이너스 통장까지 생겼는데 전혀 걱정 안 하니 얼마나 낙천적입니까?

➥ 우리 남편은 변을 잘 봅니다. 아침 한 번, 저녁 한 번. 난 변비라 무진장 부럽습니다. 단점이 있다면 물 내리는 것을 항상 잊어버립니다. 그래서 화장실 갈 때마다 두근두근합니다. 우리 남편은 항상 제 마음을 두근거리게 합니다.

➥ 우리 남편은 청소를 잘합니다. 그것도 등짝으로. 방바닥에 들러붙어서 걸레질을 너무 잘합니다.

➥ 우리 남편은 사과를 참 잘합니다. 싸우면 무조건 미안하다고 합니다. 소리 버럭버럭 지르면서 "미안해. 미안해. 미안하다고! 됐냐?"

➥ 우리는 부부싸움 할 때 화를 절대 안 냅니다. 소리 버럭버럭 지르면서 "화 안 났어! 나 화 안 났다고 했지?"

➥ 우리 남편은 자상한 목소리로 전화를 자주 합니다. 집에 빨리 와서 밥 차려 달라고. 정말 자상한 목소리로요.

➥ 우리 남편은 물을 엄청 아낍니다. 물 아끼느라 밤에는 이도 안 닦고, 샤워도 안 합니다.

➥ 저는 애정표현 많이 하는 남편과 삽니다. 거의 살상무기에 가까운 입 냄새 풍기며 자꾸 뽀뽀하자고 합니다.

이 글을 보면서 한참을 깔깔 웃었던 기억이 난다. 자랑인지 흉인지 모를 남편 이야기 속에는 분명 사랑스러운 눈길이 숨어 있다는 걸 알 수 있었다. 알콩달콩 사는 모습이 은근히 상상되기도 해서 기분 좋게 웃고 지나갔다. 한편으로는 '우리 남편은 어떤가' 생각에 잠겼다. 아무래도 나이대가 있는지라 요즘 남편들과는 확연히 비교되는 게 사실이다.

　요즘 젊은 남편들이 집안일과 양육을 함께 분담하며 사는 모습들을 보면 참으로 부럽다. 보수적인 남편들은 집안일을 돕거나 아이를 함께 보면 큰일이라도 나는 줄 안다. 우리 남편 역시 그랬다. 을이면서도 갑 행세를 하려고 할 때가 많다. 그럴 때면 그냥 믿고 따라주면 다 잘될 것이라고 일침을 가하기도 했다. 도와주지도 않으면서 걱정하는 것은 누구에게도 도움이 되지 않기 때문이다.

　이렇게 누구나 남편에 대한 불만과 아쉬움을 품고 산다. 가끔은 어린 날의 결정으로 평생을 너무 가혹하게 사는 것 아닌가, 하는 생각도 들 정도다. 그러나 우리는 사랑의 서약을 하고 맺어진 인연 아닌가. 가끔은 '그래도 이만한 남편 없지' 하는 생각이 드는 걸 보면 잘 어울리는 한 쌍 같기도 하다.

● 그래도 하나뿐인 남편, 하나뿐인 아빠

올 초에 한 친구의 남편이 암에 걸렸다고 연락이 왔다. 소변에서 피가 나와서 동네 가까운 의원을 갔더니 큰 병원으로 가보라고 했다는 것이다. 그래서 큰 병원을 갔더니 암 덩어리가 크게 보인다고 바로 수술을 해야 한다고 했다. 친구는 난리가 났다.

"내가 너무 못해 준 게 많아. 이제 와서 어쩌면 이렇게 후회가 되는지 몰라. 이제라도 열심히 맛있는 것 많이 만들어 주고 신경 좀 많이 써야겠어."

그녀는 계속 눈물을 흘리며 못해준 것에 대한 미안함을 드러냈다. 그 모습을 옆에서 계속 지켜보면서 나도 느끼는 바가 많았다. '있을 때 잘해야 한다'는 소리는 부모님에게만 통용되는 말이 아니라는 것. 둘 중 누군가는 분명 먼저 떠나게 될 날이 있을 거라는 것.

"이 일을 계기로 신랑의 소중함을 절실히 느끼게 됐어. 이제부터는 투정 부리지 않고 행복하게 열심히 살려고."

다행히 수술이 무사히 끝나고 친구 부부는 다시 일상으로 돌아갈 수 있었다. 그러나 분명 이전과 같은 일상은 아닐 것이다. 둘이 함께할 수 있음에 감사하고, 더욱더 배려하는 아름다운 부부가 되었을 거라고 확신한다.

이번 일이 없었다면, 친구는 항상 집안일에 통 관심이 없는 남편에 대한 흉을 아직도 입에 달고 살았을 것이다. 혼자서는 밥도 못 차려 먹는 사람이라고, 아내가 무엇을 좋아하는지, 아이들이 무슨 일로 힘들어 하는지 하나도 모르는 사람이라고 말이다. 매일매일 눈뜰 때마다 보는 똑같은 얼굴이니 장점보다는 자꾸 트집 잡을 거리만 생각하게 되기 때문이다.

집안일이나 아이들 교육에 남편이 지나치게 무관심하다고 생각하는 엄마들이 많다. 그래서 아빠의 능력과 존재감을 무시하는 경우도 가끔 보게 된다. 특히 이혼을 결심한 엄마들의 이야기를 경청해 보면 대부분 본인은 하나도 문제가 없는데 남편에게만 문제가 있다는 이야기를 너무나 쉽게 이야기한다. 무능력하고, 무관심하고, 무뚝뚝하고. 이유를 듣다 보면 끝이 없다.

반대로 아빠들의 입장을 들어보면 나름대로 이유가 있을 것이다. 고달픈 직장생활에 시달리다 집에 돌아오면, 또 다시 주어지는 무거운 남편과 아빠 역할. 아내는 늘 잔소리를 해대니 집에서는 다리 펴고 누울 자리도 없다는 생각이 드는 것이다.

내가 아는 한 아이 아빠는 아내가 자신의 자리를 집에서 내몰고 있다는 오해마저 하게 된다고 고백했다.

"하루 종일 밖에서 일한 저보다는 아내가 아이에 대해 아는 게 더 많을 수밖에 없죠. 가끔 집에 가서 함께 시간을 보내려고 해도, 저만 쏙 빼놓고 아내와 아이들끼리만 아는 이야기를 나누고 있으니 낄 틈이 없어요. 가끔은 아내가 저를 위해 배려해 주었으면 하고 바랄 때가 있죠."

이 얘기를 듣고, 서로 다른 생각을 하는 부부들이 생각보다 많다는 생각을 하게 되었다. 남편이 조금 더 아이들에 대해 많이 알 수 있도록 아내가 미리 배려해주었더라면 어땠을까, 싶었다.

내 친구의 경우처럼, 배려해주지 못한 것을 뒤늦게 후회하게 될지도 모른다. 무관심한 남편 때문에 불만이 많다면 반대로 생각해보자. 해답이 나올 것이다. 만약 남편이 반대로 사사건건 집안일에 간섭하고 감 놔라, 배 놔라 명령한다면 과연 아내가 바로 설 자리가 있을까.

부부가 똑같이 자신의 의견을 강하게 주장한다면 서로 다른 두 갈래의 길로 산을 올라가려고 싸우는 것과 같다. 어느 길로 가도 정상으로 가고자 하는 것은 똑같다. 부부 모두 '잘 먹고 잘 살고 행복하자'는 목표를 가지고 있지 않은가.

나 또한 큰일을 결정하거나 어려움이 있을 때 남편과 꼭 의견을 나누는 편이다. 평소에는 관심이 없는 것 같다가도 내가 도움을 요청하거나 의견을 물을 때면 아주 현명하고 심플하게 의견을 제시해 주는 남편에게 고마울 뿐이다.

신혼 초, 청소나 설거지는커녕 한 번도 아이를 돌봐준 적 없었던 남편. 요즘 좋은 남편의 기준인 가정적이거나 다정한 사람은 절대 아니다. 그런데 요즘은 그런 남편이라도 나쁘지 않다고 생각한다. 그리고 오히려 '세상에 이만한 남자는 없다'고 생각하려고 노력한다. 그래야 먼 훗날 누군가에게 내 몸을 맡기고, 의지해야 할 나이가 되었을 때쯤 '정말 이만한 남자는 세상에도 어디에도 없다'고 생각하며 살 수 있을 테니 말이다. 그것이 행복한 노후 아니겠는가.

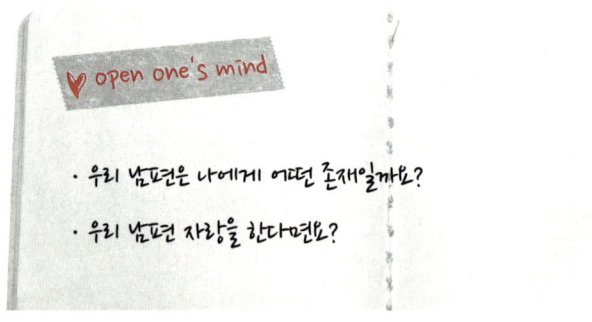

♥ open one's mind

- 우리 남편은 나에게 어떤 존재일까요?
- 우리 남편 자랑을 한다면요?

⟨ 엄마라는 이름 I ⟩

11

후회하는
마음 버리기

∨

◉ 결혼 전과 후

결혼 전 그이는 내게 필요한 물건들을 말하기도 전에 챙겨주고, 내가 원하는 일이라면 다 들어주려고 노력했다. 그런데 살아보니 내가 더 해주어야 할 것과 내가 더 챙겨주어야 할 것들이 많아 손해 보고 한 결혼인 것 같은 생각이 들 때가 있다.

너무 솔직하게 이야기를 해도 문제가 될 때가 있고, 편하게 마음을 터놓고 대화를 하려해도 더 큰 싸움으로 번질 때도 있었다. 오래 살아도 밀당하는 느낌이 든다. 지난 결혼생활을 돌이켜보면, 하나 둘씩 마음을 내려놓거나 포기를 배우는 게 인생인가 싶기도 했다. 그런데 이러한 상태가 지속되면 엄마로서 아내로서의 품위와 자존심을 모두 내려놓는 순간이 올 수도 있다.

만약 남편의 자존심을 건드리는 말을 했다면 그 어떤 남편도 가만있지 않을 것이다. 그러나 대부분의 아내는 그렇지 않다. 어느 날부터인가 무력한 아내로, 대우받지 못하는 엄마로 존재할 때가 있다.

하루는 대학원에 다닐 때 알고 지낸 한 후배가 만나자고 연락이 왔다. 그 후배는 나와 함께 같은 유아교육기관에 근무하다가 4년 전에 결혼을 했다.

"언니, 제가 결혼 전에 병설유치원 교사가 되기 위해 2년간 얼마나 고생했는지 아시죠? 그런데 결혼 전에는 결혼해도 계속 일해도 된다고 하더니, 임신을 한 뒤로는 일을 그만두라고 계속 압박하더라고요. 처음에는 임신했다고 이렇게 챙겨주다니, 나를 정말 사랑하는구나 생각했죠. 그래서 결국 몇 개월만 쉬어야겠다는 생각으로 휴직서를 냈고, 아이를 출산했는데 아이는 엄마가 키워야한다고 아이가 클 동안은 복직하지 말라는 거예요. 그래서 어쩔 수 없이 아이만 키웠죠. 이제는 어린이집에 보내고 다시 복직을 하려는데 그것도 안 된다는 거예요. 둘째를 낳고 둘째를 키우고 나면 복직할 수 있도록 해주겠다는 거예요. 완전 속은 느낌이 들면서 내가 왜 이 남자랑 결혼했는지 후회까지 들더라고요. 유치원 교사를 하다가 언니처럼 유치원장이 되는 게 제 꿈인데 말이죠."

점점 흥분된 어조로 말을 이었다.

"시댁식구들은 하루가 멀다 하고 아이가 보고 싶다는 핑계로 매일 집에 오시다시피 해요. 결혼 전에는 아이를 낳기만 하면 다 키워주시겠다는 말은 다 거짓이었나 봐요. 쥐꼬리만큼 벌어 오는데 언제 아이 키우고, 집은 또 언제 살 수 있을지 미래가 깜깜해요. 젊어서 함께 벌면서 저축하면 좋은 거 아닌가요?"

난 그녀를 오랜 세월 지켜 봐왔다. 형편이 어려웠지만 직장을 다니면서 대학원을 마쳤고, 졸업 후에 국가 유치원 임용고시를 보기 위해 도서관에서 2년간 아무것도 안 하고 매달린 그녀가 아니던가. 시험에 합격하고 그녀가 얼마나 좋아했는지 아직도 기억이 생생하다. 평생 직장을 가지게 되었다며 결혼 안 하고 솔로로 살 거라고 호언장담 하던 그녀가 지금의 남편을 만나게 되었다. 남편 역시 그녀의 그런 모습들을 잘 알기 때문에 적극 직장에 다닐 수 있도록 철석같이 약속을 했는데, 현실은 달랐나보다. 조금만 도와주면 일을 다니면서 아이도 잘 키우고, 집안일도 잘하겠다고 다시 한 번 남편을 잘 설득해 보라고 했다.

● 후회 없는 결혼생활을 위하여

결혼을 하고 아이를 낳고 엄마가 되어도 젊어서의 꿈은 그대로 남는다. 그 꿈이 엄마가 되었다는 이유로 실현할 수 없다는 것은 참으로 불행한 일이다. 다행히 요즘은 30대와 40대의 맞벌이 부부가 외벌이 가정보다 더 많아지고 있는 추세다. 그러나 높은 맞벌이 부부 비율에도 불구하고 집안일은 여전히 대부분 엄마들의 몫이 되고 있다.

나 역시 아무리 어려운 상황이 닥쳐도 내 꿈을 잃지 않고 달려왔다. 최고 학부까지 공부를 했고, 수십 개의 자격증을 땄다. 그 결과 자존감과 자신감은 나를 더 성장시켜 주었고, 아무리 어려운 일들이 생겨도 해결할 수 있는 능력을 덤으로 얻었다. 하지만 조금만 더 현명한 아내, 엄마로 행복한 부부되기를 노력했다면 하는 아쉬움이 생겨날 때가 있다. 개인적인 성공에 있어서는 후회가 없지만 남편과 원만한 관계를 만들기에는 조금 소홀한 면이 있었기 때문이다.

얼마 전, 읽은 신문기사를 보면서 우리 부부 관계를 되돌아 본 적이 있다. 한 온라인 리서치 업체가 기혼 남녀 686명에게 조사한 결과, 남편은 62%, 부인은 74%가 '결혼을 후회해 본적이 있다'고 했다. 다시 결혼한다면 '지금의 배우자와 다시 결혼하겠느냐'는 질문에 '결혼하지 않겠다'는 응답이 남녀 모두 절반이 넘었다고 한다.

한국 부부들의 스킨십 정도에 대한 결혼정보회사 듀오라이프컨설팅 홈페이지를 통해 조사한 결과 역시 눈길을 끌었다. 조사 결과에 따르면 배우자와 나누는 하루 평균 입맞춤 횟수는 5년 차 미만 부부의 경우 4.8회, 5~10년 차 2회, 10~20년 차와 20년 차 이상은 각각 1.1회로 집계돼 결혼한지 오래된 부부일수록 줄어드는 양상을 보였다. 아침에 일어나서 혹은 출근할 때 하는 '모닝 키스'의 경우 5년 차 미만과 5~10년 차는 '일주일에 7회 이상(매일 한다)' 응답이 각각 45.9%, 31.1%로 가장 많은 반면, 10~20년 차와 20년 차 이상은 '일주일에 0회(전혀 안 한다)'가 각각 42.5%, 55.4%로 가장 많았다. 배우자와의 하루 평균 포옹 횟수 역시 5년 차 미만 3.6회, 5~10년 차 2.4회, 10년차 이상 1.1회로 결혼 연차가 올라갈수록 줄어들었다. 배우자와의 한 달 평균 잠자리(성관계) 횟수는 5년 차 미만 5.5회, 5~10년 차 4.2회, 10~20년 차 2.9회로 연차에 따라 줄어들었지만 20년 차 이상은 3.9회로 오히려 늘어났다.

듀오라이프컨설팅 관계자는 '비언어적 의사소통 수단인 스킨십은 말이나 글과 같은 언어적 방식보다 부부 간의 관계에 미치는 영향력이 보다 크고 즉각적'이라며 '원만한 부부 관계를 위해 다양한 스킨십을 시도하는 것이 중요하다'고 조언했다. 남편과의 결혼을 후회하고 싶지 않다면, 우선 간단하게 스킨십하는 노력부터 해보는 건 어떨까. 그

외에 실천할 수 있을 만한 몇 가지 제안을 하고자 한다.

1. 자녀들보다 배우자를 더 사랑하라.

나이 들수록 배우자를 자연스럽게 사랑한다고, 보고 싶다고 말해야 부부 사이가 오래간다.

2. 모든 결정은 합의제로 하라.

아내가 간혹 서운하게 느끼는 것은 '왜 그런 일을 혼자 결정해버렸어요?' 하는 불평이다. 작은 일도 부부가 합의해서 결정하는 것이 좋다.

3. 좋지 않은 결과는 내 탓, 좋은 결과는 배우자에게 공을 넘겨라.

일이 잘못되면 상대방 탓으로 돌리는 경우가 많다. 사업이 안 되고, 자녀들이 잘못되더라도 상대의 탓을 하는 것은 성숙하지 못한 행동이다.

4. 항상 밝은 미소로 대하라.

예쁜 외모나 멋진 체격을 유지한다는 것은 현실적으로 어렵기 때문에 인품과 이해심, 배려심을 갖는 것이 중요하다. 결혼한 남자들이 원하는 아내상은 늘 명랑하고 미소를 머금은 여자인 것이다.

5. 배우자의 부족함을 인정하라.

완벽한 사람은 없다. 조금 더 완전해지기 위해 결혼한 것이다.

6. 같은 목표를 가지자.

부부가 함께 세운 높은 목표는 행복한 결혼생활을 보장받을 수 있다.

7. 배우자를 칭찬하라.

능력과 장점은 누구나 가지고 있다. 남들 앞에서 배우자를 칭찬하라. 한마디의 칭찬은 열 마디의 비난보다 더 큰 위력을 발산한다.

8. 배우자가 싫어하는 언행을 피하라.

싸우지 않는 방법은 딱 한 가지다. 서로 싫어하는 말이나 행동을 하지 않으면 된다.

9. 함께 취미나 문화생활을 즐겨라.

취미와 문화생활은 부부가 오래도록 함께 걸어갈 수 있도록 도와준다.

10. 건강과 행복을 위한 목표를 설정하라.

많은 목표 중에서 빠져서는 안 되는 것이 건강과 행복이다. 함께 목표를 설정하여 보다 건강한 부부가 되도록 한다.

Story 3.
엄마라는 이름 II

육아로. 힘들어 하는.
이 땅의. 엄마들을. 위하여.

윤아야, 덤블아 하는구
이영이 맘히들을 위하아.

01

아이의 변화는 엄마로부터 시작된다

⋁

● 나는 오늘 아이에게 어떤 말을 했나

    사랑이란 어떤 사물이나 사람에 대한 강한 애착이나 관심을 말한다. 그 대상은 다양할 수 있다. 누군가는 애완견을 사랑하고, 누군가는 자동차를 사랑하고, 누군가는 연예인을 사랑한다. 하지만 뭐니 뭐니 해도 자식에 대한 부모의 사랑이야말로 이 모든 것을 뛰어넘는 맹목적인 사랑이 아닐까. 그 사랑은 아이에게 안정감을 느낄 수 있도록 도와주고, 할 수 있다는 자신감을 주고, 소중한 존재라는 것을 일깨워준다.
    아이가 어릴 때는 기호와 욕구를 알고 해결해주거나, 나이와 수

준에 맞게 활동계획표대로 진행할 수 있을 만큼 순조롭지만, 아이가 성장하면 점점 어려워진다. 그 과정에서 아이들의 불안정한 성장과정을 지켜봐야 할 때도 있고, 문제들을 풀어갈 때 한계에 부딪히는 경우가 있는데, 이때 해서는 안 될 말을 아이에게 퍼붓기도 한다.

"내가 너만 바라보고 사는데 어쩌면 이러니?"

"그것도 못하니? 이리 줘, 엄마가 해줄게."

"네가 뭘 안다고? 엄마가 시키는 대로 따라 하기나 해."

"웃기고 있네. 아직 조그만 게 까불지 좀 마."

"네 할 일이나 해. 참견하지 말고."

"그럴 줄 알았어. 네가 하는 일이 다 그렇지 뭐."

"도대체 왜 그래? 커서 도대체 뭐가 되려고 그러니?"

진심으로 소통하기 위한 언어가 아닌, 내 감정을 되는대로 쏟아 놓는 '불통(不通)'의 언어들이다. 아이에게는 '잔소리' 그 이상도 이하도 아닌 훈계가 반복되면서 관계는 점점 멀어지게 된다. 그런데 분명히 알아두어야 할 것은 아이를 신랄하게 비판할수록 상태가 악화된다는 것이다.

모처럼 평안한 하루를 보내고 있는 나의 일터에 아이를 데리고 허겁지겁 달려온 엄마가 있었다.

"선생님, 도대체 애 때문에 스트레스 받아서 못 살겠어요. 도대체 아이큐가 몇인지 검사 좀 받아봐야겠어요."

아이가 옆에 있는데도 듣거나 말거나 아랑곳하지 않고 하소연을 하는 엄마에게 차를 권하며, 잠시 아이를 옆 교실로 보낸 후 대화를 이어갔다.

"아니, 우리 애 바보 아니에요? 한글 공부를 그렇게 매일 시켜도 제자리에서 맴도니, 속이 터져 죽을 것 같아요. 얘기 들어보면 다른 아이들은 3개월이면 다 뗀다고 하던데, 우리 아이는 지금 8개월을 개인과외 선생님을 붙여서 시켜도 못하고 있으니 속이 타들어 가는 것 같아요. 돈은 돈대로 퍼부어도 못 따라가니 바보 아니고 뭐겠어요?"

이런 식의 이야기를 40분 넘게 하고 나서야 조금 진정이 되었고, 앞으로 자신이 어떻게 해야 할지 물었다. 사실 담임에게 이 아이에 대한 이야기를 들은 적이 있었다. 아이가 놀이에도 관심이 없고, 대화를 시도해도 딴 생각을 하고 있는 것처럼 늘 멍하다는 것이었다. 뿐만 아니라, 어떤 활동에도 의욕이 없어 유치원의 많은 선생님들이 걱정하고 있던 차였다.

"어머님, 아이가 다른 아이보다 늦다고, 못한다고 너무 야단치고 윽박지르다 보면, 아이의 자신감과 자존감이 떨어진답니다. 이맘때의 자존감은 평생 가는 재산이에요. 매사에 의욕을 보이지 않거나 어떠한 활동을 시도조차 하지 않으려고 할 수도 있어요. 당분간은 아이에게 진정한 행복이 무엇인가를 생각해 보시면서, 아이가 좋아하는 놀이를 할 수 있도록 도와주시면 좋을 것 같습니다. 지금 아이에게는 무엇이든 스스로 하고 싶다는 의욕이 전혀 없습니다. 아이가 무엇이든 잘할 수 있을 것이라는 믿음을 가지고, 아이와 함께 즐겁게 할 수 있는 것들을 찾아보고 즐겨야 엄마도 아이도 행복을 찾을 수 있을 것입니다."

 엄마가 얼마나 납득했는지는 알 수 없으나 그렇게 돌아간 뒤 조금씩 아이가 밝은 모습으로 또래들과 어울리며 활동하는 모습을 볼 수 있었다. 나의 당부가 조금은 먹힌 건지도 모르겠다.

● 엄마의 변화에서 모든 것이 시작된다

 끊임없이 아이는 엄마를 힘들게 한다. 반항하고, 말썽을 부린다. 엄마도 사람인지라 이를 관대하게 받아줄 여유는 많지 않다. 처음에는 몇 번 꾹꾹 눌러 참다가도 결국엔 같이 화를 내고, 윽박지르게 되는데 이러한 엄마의 양육태도가 아이를 망친다. 아이에 대한 엄마의 태도와 습관이 이때 굳어지기 때문이다. 그렇게 되면 아이에게 엄마는 '늘 화내는 사람, 툭하면 짜증내는 사람'으로 인식되어 마음의 문을 열지 않게 된다. 당연히 엄마가 짜증낼 일만 반복하고 말썽만 부리게 되는 것이다.

TV에서 방송되고 있는 〈우리 아이가 달라졌어요〉를 보면 엄마를 비롯한 어른들에게 지나칠 정도로 버릇없이 행동하는 아이들이 나온다. 처음에는 쯧쯧 혀를 차며, 저런 아이를 둔 엄마들은 정말 힘들겠다고 동정의 눈길을 보내게 된다. 그러나 자세히 살펴 보면, 아이를 그렇게 만든 사람은 그 누구도 아닌 엄마와 가족이라는 것을 알 수 있다. 아이가 큰소리로 악을 쓰고 울고불고 해야 원하는 환경이 만들어지게끔 관계 설정을 만든 것이다. 그래서 이후 아이의 행동 교정을 위한 전문가의 처방을 보면, 부모들이 먼저 행동을 고치게끔 훈련시키는 것을 볼 수 있다. 부모가 먼저 변하지 않으면 절대 아이는 변하지 않는다는 것을 명심해야 한다.

이러한 표현이 습관화되면 점점 고쳐나가기 힘들어지기 때문에 될 수 있으면 빠른 변화가 필요하다. 부모 자식 사이에서는 관계가 문제보다 더 중요하다. 단정적이거나 부정적인 발언은 관계를 악화시키고, 아이의 반항심만 키울 뿐이다.

아동정신과 의사 루돌프 드라이커스 박사는 의무를 제대로 수행하지 못하거나 규칙을 준수하지 못하는 아이들은 대부분 의기소침 상태에 놓여 있다는 사실을 지적한 바 있다. 따라서 아이에게 용기를 북돋아주고, 확신을 갖게 해주는 것이 먼저다.

아이를 키우면서 행복하고 만족스러운 순간보다 불행하고 우울한 순간이 더 자주 찾아온다면, 아이도 그렇게 느끼고 있다고 생각하면 된다. 불행한 엄마 밑에 행복한 아이는 있을 수 없기 때문이다. 따라서 아이의 행복을 위해서는 반드시 엄마 스스로 행복할 수 있는 방법을 찾아야 할 것이다.

즉, 아이에게 무언가 문제가 있다고 생각이 되면, 반드시 부모 자신을 되돌아 보아야 한다. 원인의 100%는 아니더라도 일부는 자기 자신에게 있음을 발견할 수 있을 것이다. KBS 〈우리 아이가 달라졌어요〉를 보면 쉽게 알 수 있지 않던가. 문제 아이에게는 반드시 문제 부모가 있다는 것을. 따라서 아이가 변하길 바란다면, 엄마인 자신부터 바뀌어야 함을 명심하자. 결코 쉬운 일이 아니지만 아이와 엄마의 행복을 위해 반드시 필요한 일이다. 행복에도 연습이 필요하다.

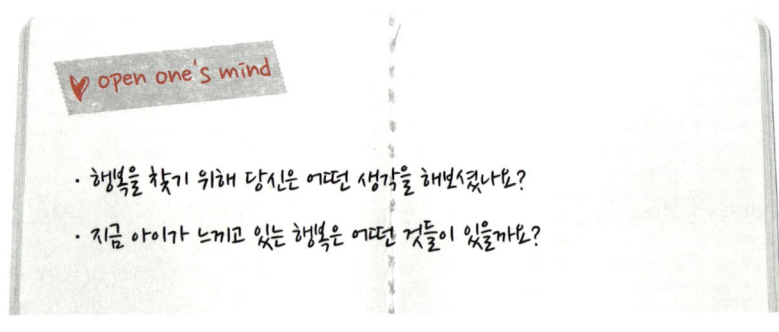

♥ open one's mind

- 행복을 찾기 위해 당신은 어떤 생각을 해보셨나요?
- 지금 아이가 느끼고 있는 행복은 어떤 것들이 있을까요?

〈 엄마라는 이름 Ⅱ 〉

02

부모의 잘못된 사랑과 기대가 아이를 불행하게 한다

∨

● 당신의 아이는 혹시 '소황제'입니까

작년에 있었던 일이다. 한 엄마가 남자아이를 데리고 입학상담을 하러 원에 찾아왔다. 자그마한 체구에 벌써부터 안경을 쓰고, 약간 겁먹은 듯한 눈으로 엄마 손을 꼭 잡은 아이가 참 인상적이었다. 상담실에 마주 앉아 이야기를 시작하는데 아이 자랑이 한참동안 이어졌다. 4살부터 전문 수학학원을 3년 보냈고, 그곳에서 항상 '천재' 소리를 들었다고 했다. 이제는 7살이니 유치원을 보내볼까 고민 중이라고 했다.

"선생님, 우리 아이는 천재인데, 이곳 프로그램이 아이에게 맞는지 알아보려고 왔어요."

　엄마의 이야기를 들으면 들을수록 숨이 막혔다. 계속 천재이야기를 하는 통에 "아, 그러시군요"라는 대답밖에 할 수 없는 상황이었다. 아이는 다섯자릿수 더하기, 빼기는 물론, 곱하기와 나누기를 암산으로 해낸다고 했다. 대단한 실력이긴 했으나 '수학만 3년을 팠는데, 당연한 것 아닌가?' 하는 생각이 들었다. 아이가 수학천재가 되는 대신 분명 배우지 못한 것들이 있어 보였기 때문이었다.

　사실, 아이에게는 문제가 있었다. 교실을 돌아보면서 가는 곳마다 수학 기호만 찾아냈고, 선생님도 나처럼 다섯자릿수 암산을 할 수 있느냐고 계속 물었다. 더 걱정되는 것은 7살이나 되는 아이가 엄마 손을 놓지도 못할 정도로 분리불안 증세를 보였고, 다른 어휘력이 또래 아이보다 무척 떨어졌다는 점이었다. 그 엄마의 목표는 오로지 아이를 수학의 1인자로 만드는 듯 보였다. '아이들은 환경에서 오는 여러 자극들을 자연스럽게 스스로 느끼며 성장해야 합니다'라는 이야기를 해주고 싶었지만, 엄마의 단호한 태도에 말도 꺼내지 못했다.

　결국 우리 유치원과는 맞지 않는 것 같다며 돌아간 후 소식을 들을 수는 없었지만, 지금도 나는 가끔 궁금해진다. 과연 그 아이는 행복하게 자라고 있을까? 그리고 과연 그 아이는 수학경시에서 1등을 했을까?

'아펜리베(AffenLiebe)'는 독일어로 '원숭이 사랑'을 의미한다. 항상 새끼를 등에 메고 다니면서 이 잡아주고 털도 핥아주는 원숭이와 같은 자식 사랑을 두고 하는 말이다. 자식에 대한 부모의 내리 사랑은 더없이 숭고하지만 인간의 사랑은 '원숭이 사랑'이 되어서는 안 된다. 아무 곳에도 가지 못하도록 품 안에만 넣어 두는 그런 사랑은 잘못된 것이다.

최근 중국에서도 자녀를 과잉보호하는 문화가 확산되어 심각한 사회적 문제가 되고 있다. 인구가 급증하는 바람에 정부에서 반강제적으로 '1가구 1출산 정책'을 시행하다보니 하나뿐인 자녀에게 모든 관심과 투자를 쏟아부은 결과다. 일명 '소황제(小皇帝)'라 하여 온 가족의 사랑을 받고 자란 아이들이 과도한 과잉보호로 인해 인성교육을 받지 못한 것이다.

얼마 전, 유튜브에서 한 동영상이 화제가 되기도 했다. 한 마트에서 장난감을 사달라고 조르던 어린 자녀에게 엄마가 '나중에 사주겠다'고 타이르자 화를 참지 못한 아이가 엄마의 뺨을 후려친 것이다. 더 놀라운 것은 이를 그 자리에서 훈계하지 않고, 흔히 벌어지는 일인양 아무렇지 않게 대처하는 엄마와 가족들의 태도였다. 이대로 아이가 자란다면 어떤 인성을 갖춘 어른이 될지 불 보듯 뻔한 노릇이다.

요즘 엄마들 중에도 자식의 잘못도 대신 짊어지고 갈 만큼 무조건적인 사랑을 하는 엄마들이 있다. 그래서 아이가 누군가에게 맞고 오면 무조건 남 탓으로 몰아 가해자, 피해자를 논하며 흥분하기도 하고, 아이 혼자서 실수로 넘어져 다치기라도 하면 '선생님을 잘못 만나 우리 아이가 다쳤다'는 식으로 얘기한다. 이는 진정으로 아이를 위한 사랑이 아니라 왜곡된 애정표현이다.

● 아이의 힘을 믿어주는 엄마가 최고의 엄마

얼마 전 소년원에 정원이 넘쳐 수용시설이 부족하다는 뉴스를 봤다. 참으로 슬픈 일이 아닐 수 없다. 엇나간 아이들이 이처럼 늘어난 이유가 무엇일까, 곰곰이 생각을 해보았다. 교육업에 종사하는 한 사람으로서 일말의 책임을 느끼는 것이 사실이다.

요즘 들어 주위에서 꿈도, 미래도 없이 엇나가는 아이들을 자주 보기 때문이다. 학교에 입학한 후 나쁜 친구들과 어울리기 시작하면서 성적은 최하위권으로 떨어지고, 제멋대로 굴거나 반항을 한다. 다급해진 엄마들은 사태의 심각성을 뒤늦게 깨닫고 아이들을 제대로 잡아보려고 고삐를 바짝 조이며 감시하지만 뜻대로 되지 않는다.

부모가 아무리 아이를 사랑하고 지혜롭게 키우려는 노력을 아끼지 않는다고 해도 마음처럼 되지는 않는다. 부모 품이 좁고 갑갑할수록 거기서 벗어나고 싶어 하는 것이 아이들의 심리이기 때문이다. 그럴수록 부모는 더욱 안달복달하며 잔소리가 늘어나, 부모 자식 간에 대화가 거의 불가능할 지경에 이른다.

반대의 경우도 있다. 아이는 나름 한다고 하는데 부모의 기대치가 더 높은 경우다. 아이가 자랄수록 엄마가 원하는 것이 많아지면서 아이들 또한 처음에는 그 기대에 부응하기 위해 머리를 굴리며 열을 쏟는다. 그러나 엄마는 아이의 발전을 위한다는 명목으로 조금 더 높이, 조금 더 많이 하라고 채찍질을 한다. 그러한 통제를 많이 받았던 아이들은 공격적이거나 소극적이고, 또래 아이들과도 어울리지 못하는 반사회적인 성향이 나타나는 경우가 많다.

엄마가 바라는 기대와 아이가 바라는 기대가 일치해야 충돌이 일어나지 않는다. 그러기 위해서는 목표를 함께 의논하여 정하는 것이 좋다. 아이의 의견을 존중하여 리스트를 작성하고, 엄마와 아이가 서로 원하는 것이 무엇인지 대화해 보는 것이다.

능동적이고 밝은 모습으로 예의 바르게 성장한 아이들을 보면 정말 대견스럽고, 그 엄마는 어떻게 아이를 이렇게 잘 키웠을까 궁금해진다. 실제로 만나보면 백이면 백, 자녀들과 의사소통이 잘 이루어지고, 엄마 역시 밝고 긍정적이라는 것을 알 수 있다.

"아이니까 그렇죠. 우리 아이가 지금만큼 해주는 것도 얼마나 대견스럽고 고마운지요."

"저는 부족한데 늘 선생님께 감사하죠."

세 아이들을 모두 서울대에 보낸 박부규 씨의 경우 주변에서 비결을 묻는 사람들에게 '자녀교육에 가장 중요한 것은 관심과 사랑뿐'이라고 강조한다. '사회활동은 내가 아니어도 나를 대신할 수 있는 사람이 있지만 아이들 교육은 내가 아니면 안 된다'라는 생각으로 자녀교육에 헌신한 일등 맘이다. 여기서 주목할 점은 절대 사교육에 의존하지 않고 세 아이의 성격이나 특성에 맞게 다른 교육방법을 실시했다는 점이다. 그 결과 세 아이들을 서울대 경영학과, 서울대 기계항공공학부, 서울대 법학과에 입학시킬 수 있었다.

아이는 부모의 따뜻한 시선을 먹고 자란다. 조용히 지켜봐 주고 기다리는 것이다. 식물이 주인의 발소리를 들으며 자라는 것처럼, 양을 들녘에 풀어 키워야 건강하게 클 수 있는 것처럼 말이다. 반대로 물고기를 모아놓고 나무에 얼마나 잘 올라갈 수 있는지 시험하는 것처럼 우스운 일은 없다. 비록 세상이 획일화된 잣대로 아이를 맞추려고 해도 아이가 진짜 좋아하는 일, 잘할 수 있는 일을 집요하게 찾아주고 응원해 주어야 한다. 그게 바로 부모가 해야 할 일이다. 진짜 좋은 엄마는 아이가 가진 힘을 진심으로 믿는다. 아이가 가진 재능이 언젠가 환하고 아름답게 꽃피울 거라 믿어 의심치 않기에 어떤 교육도 자신 있게 실천할 수 있다. 아무리 입으로는 '우리 아이가 최고야!'라고 말한다고 하더라도 끊임없이 아이를 의심하고 닦달하는 엄마들이 많다.

진정으로 아이의 성공을 원한다면, 아이가 가진 힘을 믿어라. 그것이 세상의 잣대에 흔들리지 않고 주체적으로 자녀교육에 성공할 수 있는 길이다.

- 아이의 재능과 강점은 무엇인가요?
- 아이의 재능을 살려주려면 어떤 목표를 정하는 것이 좋을까요?

03

어려움을
극복하게 하라

v

● 성공한 사람들에게는 이유가 있다

    나는 한동안 성공한 사람들의 책을 많이 읽었다. 그 성공비법이 궁금했다. 어려운 환경에서 태어나도 꿈과 열정으로 극복해낸 사람들의 이야기를 읽어보면 성공은 결코 돈이나 명예, 지위로 얻을 수 있는 게 아니라는 것을 배울 수 있었다.

    스티브 잡스의 어린 시절을 보자. 미국 캘리포니아 주 샌프란시스코에서 미국인 어머니와 시리아계의 아버지 사이에서 태어난 그는 태어난 지 1주일 만에 폴 잡스와 클라라 잡스 부부에게 입양되었다. 양

부모는 자신의 아들이라고 생각하며 열심히 키웠으나, 어렸을 때 잡스는 학교도 자주 빼먹고 부모 속도 많이 태웠다고 한다.

차고에서 첫 회사를 시작한 그는 최초의 퍼스널 컴퓨터를 만든 영웅, 세계 최초의 그래픽 인터페이스인 리사와 매킨토시를 만든 개척자, 픽사를 통해서 3D애니메이션을 애니메이션 업계의 주류로 올려놓은 애니메이션의 마법사 그리고 아이팟, 아이폰, 아이패드, 아이튠즈를 통해서 모바일 혁명을 일으킨 모바일의 황제가 되었다.

그가 인터뷰에서 했던 명언들을 보자.

끊임없이 실패의 위험을 감수하는 사람만이 예술가로 살아갈 수 있었습니다. 밥 딜런과 피카소는 언제나 실패의 위험을 감수했습니다.
-1998년 <포춘>과의 인터뷰

지금 당장은 위험한 것 같지만 그것은 언제나 좋은 징조입니다. 당신이 그것들을 다른 측면에서 꿰뚫어 볼 수 있다면 큰 성공을 이루어 낼 수 있을 겁니다. -2007년 D5 컨퍼런스에서

우리는 인간입니다. 우리는 실수를 합니다. 우리는 실수를 빨리 알아내죠. 바로 그것이 우리가 세상에서 고객들에게 가장 사랑받는 최고의 회사가 된 이유입니다. -2010년 아이폰4 기자회견에서

이번에는 빌 게이츠의 어린 시절을 보자. 빌 게이츠는 어려서 몸이 많이 병약하여 학교에서 아이들과 모여 풋볼, 축구, 농구, 야구, 크리켓 등의 스포츠를 즐기지 못했다. 그에게 유일한 친구는 책이었다. '운동도 못하고, 키는 작고, 머리는 큰 아이'라고 늘 놀림을 당했던 그는 소심하고 용기도 없었다. 여느 때와 다름없이 한 친구가 빌 게이츠를 놀리기 시작했는데, 흥분한 그는 의자로 친구의 얼굴을 강타하여 경찰서에 끌려갔고 결국 학교를 자퇴하게 된다. 그리고 30년 뒤 하버드대학교를 졸업한다.

마이크로소프트사를 차리고 대표가 되어서도 어려서부터 항상 듣던 '글을 좋아하는 아이'라는 뜻의 'Print(er)'라는 별명이 싫었던 빌 게이츠는 모든 윈도우 버전에서 폴더를 포함한 모든 파일명에 'PRN(프린터의 약자)'이라는 이름을 사용할 수 없게 하였다. 가장 최근 개발된 윈도우 7에서조차 이것을 사용할 수 없는 것을 보면 여간 싫은 게 아니었나 보다.

세상에서 가장 부자로 손꼽히는 그에게도 어린 시절에 이런 숨은 아픔이 있었다니 정말 놀라지 않을 수 없다. 또한 항상 산만하고, 뭐든지 잘 잃어버려 주의력 결핍 및 과잉 행동 장애도 있었다고 한다. 그의 아버지는 이런 아들을 타박하는 대신 늘 재미있는 이야기를 통해 용기와 열정, 관용과 인내를 가르쳐 주었다. 또 어려움을 이겨내는 지혜와 성공을 향한 끊임없는 집념을 심어주었고, 겸손을 가르치고, 남의 의견을 경청할 줄 알아야 함을 강조했다고 한다. 그의 아버지는 '내가 만약 막대한 재산을 물려줬다면 오늘의 빌 게이츠는 아마 없었을 것입니다'라는 말을 남긴 적이 있다. 이러한 아버지의 영향을 받아 그는 에이즈 퇴치 운동에 전 재산의 60% 이상을 이미 기부했고, 그 뒤로도 많은 기부와 자선활동을 벌이고 있다. 빌 게이츠의 자녀교육 10계명을 통해 성공의 의미를 다시 한 번 생각해 보자.

Tip. 빌 게이츠의 자녀교육 10계명

1. 큰돈을 물려주면 결코 창의적인 아이가 되지 못한다.
진짜 부자는 자녀에게 큰돈을 주지 않는다. 부모가 부자인 아이들은 열심히 일하지 않아도 되고, 부모로부터 재산을 물려받아 풍족하게 살아갈 수 있다고 생각하기 때문이다. 재산은 '너에게 남겨줄 유산이 아닌 사회에 환원할 것'이라고 가르쳐야 한다.

2. 부모가 나서서 아이의 인맥 네트워크를 넓혀준다.
빌 게이츠가 세계 최고 갑부가 될 수 있었던 이유 중 하나는 명문학교 친구들이 있었기 때문이다. 그는 레이크사이드 중·고등학교와 하버드 대학을 나왔다.

3. 단점을 보완해 주고 뜻이 통하는 친구를 사귄다.

평생의 재산이 될 인간관계는 학교에서부터 시작된다. 빌 게이츠는 레이크사이드 고등학교와 하버드 대학에서 폴 앨런과 스티브 발머라는 두 친구를 만나 세계 최고의 소프트웨어 회사를 키웠다. 그들은 어떤 고민도 털어 놓을 정도로 매우 가까운 친구 사이였다.

4. 어릴 때에는 공상과학소설을 많이 읽는다.

그는 아직도 공상우주과학 영화인 〈스타 트렉〉에 열광하는 팬이다. 시애틀에서 열린 세계박람회는 일곱 살 때부터 과학의 세계를 동경하기 시작한 계기를 만들어 주었다. 또 어려서부터 백과사전을 외우고, 위인들의 이야기를 빠짐없이 읽었다.

5. 어머니의 선물이 때로는 아이의 인생을 바꾼다.

빌 게이츠는 어머니가 사주신 컴퓨터로 지금의 갑부가 되었다. 빌 게이츠는 《미래로 가는 길》에서 아이와 컴퓨터는 죽이 잘 맞는다고 했다. 자녀들이 컴퓨터에 푹 빠져 있는 것을 보고 걱정스러워 하는 부모가 많겠지만, 컴퓨터에 아이들이 매료되는 것은 너무나 당연한 것이다. 올바른 사용법만 알려주면 중독에 빠지는 피해를 막을 수 있다.

6. 신문을 통해 세상 보는 안목과 관심 분야를 넓힌다.

지금도 일주일 동안의 신문들을 처음부터 끝까지 빼놓지 않고 읽는 습관이 있다. 신문이 자신의 관심분야를 넓혀주고 미래의 일을 알려주기 때문이라고 한다. 아무리 컴퓨터가 모든 일을 다 한다고 해도 책을 완전히 대체하지 못한다. 책은 사람으로 하여금 애착을 느끼게 만드는 장점을 지녔기 때문이다. 그래서 그도 자신의 두 아이들에게 컴퓨터보다 책을 먼저 사주었다. 컴퓨터 황제가 컴퓨터보다 책을 가까이 하도록 했다는 것은 매우 인상적이며 많은 것을 생각하게 한다.

7. 부잣집 아이라고 결코 곱게 키우지 말라.

열세 살 때 학교 성적도 형편없고 가족과의 관계도 원만하지 않아 아동 심리학자에게 상담을 받기도 했다. 그의 카운슬러는 전통적인 행동방식을 따르라고 강요하거나 좀 더 고분고분해지라고 타이르는 건 쓸데없는 일이라고 충고했다. 많은 영재들이 갖기 쉬운 '사회성 부족'이 빌 게이츠에게도 있었다.

빌 게이츠의 부모는 외골수로 빠지기 쉬운 아들을 위해 보이 스카우트 캠프에도 보내고, 테니스와 수상스키도 가르쳤다. 요일에 따라 다른 색깔의 옷을 입히는 것은 물론, 식사도 규칙적으로 하도록 가르쳤고, 모든 일을 계획적으로 실행하여 시간낭비를 최소화하는 습관을 어머니로부터 배웠다. 동서고금을 막론하고 부모는 자식의 거울이다.

8. 기회가 왔을 때 머뭇거리지 말고 과감하게 도전하라.

빌 게이츠는 하버드 대학을 휴학하고 IT산업에 뛰어들었다. 정확한 예측과 한 발 앞선 실행이 오늘의 빌 게이츠를 만들었다.

9. 어린 시절 다양한 경험은 자라서 든든한 사업 밑천이 된다.

숙제나 악기연주 등 그날 해야 할 일은 반드시 그날 해치웠다. 남에게 지는 것을 싫어한 빌 게이츠는 4~5장이면 되는 리포트를 30장 넘는 논문으로 제출하기도 했다. 아침형 인간인 빌 게이츠는 새벽 3시에 일어나 2~3시간 정도 책을 읽는 습관을 아직까지도 실천하고 있다.

10. 부모가 자선에 앞장서면 아이들은 자연스럽게 본을 받는다.
아이들은 부모를 역할 모델로 삼으면서 살아간다. 빌 게이츠 집안은 시애틀의 이름난 은행가와 변호사 집안인 동시에, 부자가 사회적으로 어떻게 처신해야 하는지에 대해 모범을 보여줌으로써 부자의 의무를 다한 가문으로 평가받는다.

갑부였지만 돈에 대한 철학만큼은 매우 명확했다. 빌 게이츠 아버지는 상속세 폐지 반대운동을 주도한 인물로도 유명하다. "현재 미국의 빈부격차는 사상 최고 수준인데 부자들이 계속 욕심을 부리면 미국 자본주의와 민주주의는 망한다"면서 이를 반대했다는 이야기는 우리 모두에게 많은 교훈을 주고 있다.

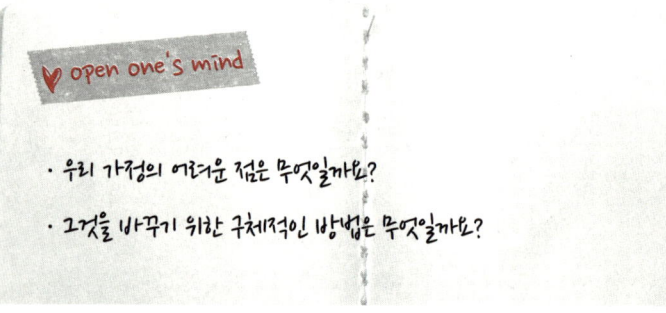

♥ open one's mind

· 우리 가정의 어려운 점은 무엇일까요?
· 그것을 바꾸기 위한 구체적인 방법은 무엇일까요?

04
믿고 기다려주는 것도 커뮤니케이션이다

▼

○ 나와 아이는 어떤 커뮤니케이션을 했나

우리는 가족들과 많은 대화를 하면서 살아간다. 생각을 전달할 수 있는 가장 효과적인 방법은 대화다. 하지만 말을 잘한다고 대화가 잘 통하는 것이 아니다. 말을 적게 해도 효과적으로 자신의 의사를 잘 전달할 수 있는 자기표현 능력을 길러 주어야 할 것이다. 진정한 커뮤니케이션이란 단순한 의사전달뿐만 아니라, 상대에게 정확히 내용을 이해시키는 것이다.

나는 많은 아이들과 지내오면서 다양한 성향의 엄마들을 만나왔다. 지나치게 완벽주의 성향을 가지고 있는 엄마들이 있다. 너무 꼼꼼해서 아이의 사소한 실수도 용납하지 못하고, 아이가 물건을 만지거나 어지럽히는 것도 참지 못한다.

아이들은 실수하고 시행착오를 겪으면서 원하는 바를 이루었을 때 성취감을 느낄 수 있다. 나는 그러한 엄마를 만나면 늘 이야기를 해준다. 이러한 방법으로는 능동적이고 적극적인 아이가 아닌 수동적이고 소극적인 아이로 클 수 있다고. 또 아이들은 시행착오를 거듭하면서 문제해결능력과 창의성이 커질 수 있다고 이야기해준다.

그보다 더욱 큰 문제는 엄마와 자녀 간의 커뮤니케이션이 약화된다는 점일 것이다. 어린 시절 부모와 애착관계가 제대로 형성되지 않은 경우 이는 인성교육에 심각한 악영향을 끼칠 수 있다.

얼마 전, 엄마를 살해한 후 아무렇지 않게 학교를 다니며 일상생활을 한 고등학생 이야기가 세상에 알려진 적이 있었다. 무려 3개월이나 엄마의 시신을 방치해 놓고 같은 집에서 생활을 했다는 사실이 알려지면서 모두가 경악했던 기억이 난다. 그 아이는 불량학생도 아니었고, 오히려 평소에 순종적일 만큼 어른들 말씀을 잘 듣는 예의 바른 학생이었다고 한다.

범인으로 학생이 검거되고 내막을 들어본 후 나는 안타까움을 금할 길이 없었다. 남편을 잃고 혼자가 된 후 아들에게 거는 기대가 커진 어머니는 평소 엄격하게 아들을 관리했다고 한다. 점수가 1점이라도 떨어지면 야구방망이로 구타를 했다고 하니 아이는 어린 나이 때부터 학대를 받고 자란 것이나 다름없었다. 세상에서 유일한 가족인 엄마 사이에 있었것 것은 따뜻한 포옹과 사랑의 언어가 아닌 거친 폭력과 악담뿐이었던 것이다. 물론 그 엄마는 아들을 최고로 키우고 싶은 마음에 눈물을 머금고 매를 들었을지도 모른다. 그러나 그 방법이 지극히 잘못되었다. 결국 이를 이겨내지 못한 아들은 극단적인 행동으로 엄마를 잃고 자신의 인생까지 나락으로 떨어뜨리고 말았다.

만약 그 엄마가 자신이 매를 들어야 하는 이유를 따뜻한 대화로 아이에게 설득시키기라도 했다면 결과는 달라졌을지도 모른다. 그 옛날에도 엄한 어머니는 존재했지만 그 자식들이 성공적으로 장성할 수 있었던 것은 이면에 건강한 커뮤니케이션이 분명히 오가고 있었기 때문이다.

● 늘 아이 곁에 머물러 줄 수 있다면

배 씨앗에서 배가 나오고, 사과 씨앗에서 사과가 나오는 것처럼 사람마다 다른 재능의 씨앗을 타고 났기 때문에 다른 열매를 맺게 된다. 그 열매는 성공이라는 열매일 것이다.

　하지만 부모들은 자신이 정해놓은 모양, 색깔, 향기가 아닌 열매를 정해놓고, 그 기준에 부합되지 않으면 실패했다고 생각하는 것이다. 아이가 가진 씨앗은 식물들처럼 어떤 씨앗인지 구분하기 쉽지 않다. 따라서 아이가 무엇을 좋아하는지, 성격과 기질은 어떤지 등을 세심히 관찰해야 한다.

　예전 엄마들은 "학교 가서 선생님 말씀 잘 들어라"라고 말씀하셨다. 하지만 시대가 바뀌면서 "성공하려면 말을 잘해야 한다"고 가르친다. 상대가 귀 기울여 들을 수 있도록 말이다. 하지만 말하는 사람이 인정받거나 이해받고 싶은 욕구 때문에 배려 없이 자신의 입장만 주장한다면 상대는 결국 듣기를 거부하게 된다. 말을 잘하는 것도 중요하지만 잘 들어주는 것도 못지않게 중요한 것임을 꼭 알려주자.

　요즘 아이들도 부모만큼 고민이 많다.

'나는 왜 이렇게 못 생겼지?'

'나는 왜 이렇게 키가 작지?'

'나는 왜 이렇게 뚱뚱하지?'

'나도 인기 많은 아이가 되고 싶다.'

'나도 좋은 물건을 가지고 싶다.'

　어른이 생각하기에는 '그게 무슨 고민이야?'라고 생각할 수 있는 문제들이 아이들에게는 천국과 지옥을 가르는 엄청난 고민이 되기도 한다. 결국 부모에게 말도 못하고 혼자 상처받거나 우울해 하는 경우를 종종 본다. 아이는 알게 모르게 '도와달라'는 메시지를 엄마에게 보냈을 것이다. 이를 캐치하여 도와줄 수 있으려면 가장 가까이에서 아이를 주의 깊게 관찰하는 엄마가 되어야 한다.

믿고 기다리라는 것을 잘못 이해해서는 안 된다. 단순한 방임이 아니라 아이의 마음을 꿰뚫고 앉아서 믿고 기다리라는 의미이다.

늦둥이 삼남매의 엄마이자, 대학교 때 조소과를 나와 전공을 살려 조각을 하는 한 워킹맘을 알고 있다. 그녀는 얼마 전 주택 옆 창고에 작업실을 마련해 더 열심히 작업에 몰입하고 있다고 했다.

"집 옆에 작업실을 만들어 24시간을 남들보다 편하고 알차게 쓸 수 있어서 좋아요. 아이들이 엄마를 쉽게 볼 수 있고, 아이들이 필요할 때 언제든 최선을 다해 도울 수 있으니 말이에요. 엄마가 하는 일을 보면서 아이들도 이것저것 만들면서 놀기도 하고, 그러면서 일상 속에서 편한 대화도 나누고 얼마나 좋은지 몰라요. 저는 다른 엄마들처럼 아이들이 조금 못한다고, 조금 늦는다고 아등바등하지 않아요. 생긴 대로 크는 거죠. 내가 해주는 게 얼마나 실효성 있겠어요? 알아서 놔두어도 요즘 아이들은 자기들이 해달라고 보채요. 엄마가 아이들을 믿고 따라주고 인정해주고 기다려주는 것이 제일 중요하죠."

육아와 일이라는 두 마리의 토끼를 잡은 그녀는 이렇게 신나고 재미있게 인생을 즐기고 있었다. 오히려 내가 배울게 참 많다는 생각을 했다. 요즘처럼 아이 하나 키우는 것도 버거워 둘째는 절대 못 낳겠다고 하는 엄마들이 많은 시대에 대단한 일이다.

그녀가 이렇게 육아를 즐길 수 있는 이유는 늘 아이들 가까이에 머물며 원활하게 커뮤니케이션을 하고 있기 때문이다. 커뮤니케이션이 안 되면 육아가 힘들어진다. 아이가 왜 떼를 쓰고 우는지, 대체 왜 아무런 맥락도 없이 이상한 말을 내뱉는지 이해할 수가 없기 때문이다. 아이를 잘 이해하고, 아이에 대해 잘 알게 되면, 당연히 아이가 사랑스러워진다.

이미 우리 아이들은 그 자체로 충분히 멋지고 빛난다. 이를 알아보고, 알아보지 못하고는 엄마의 커뮤니케이션에 달려있다.

♥ open one's mind

- 믿고 기다려주려면 엄마의 어떤 점부터 고쳐야할까요?
- 가족의 커뮤니케이션이 잘 이루어지도록 하려면 어떻게 해야 할까요?

⟨ 엄마라는 이름 Ⅱ ⟩

05

화내는 엄마, 화내는 아이

∨

○ 매일 화내는 아이, 왜 그럴까?

화를 내는 아이 때문에 걱정이라며 상담요청을 한 엄마가 있다.
 "선생님, 아이가 늘 생떼를 쓰고, 버럭버럭 소리를 지르고, 친구들을 괴롭히거나 공격적인 행동을 하는데 무슨 문제일까요? 어제도 동네 모임이 있어서 갔는데 친구들을 때려서 혼냈더니 저한테까지 소리를 지르는 거예요. 어찌나 창피하고 미안한지 몸 둘 바를 몰라 하다가 일찍 아이를 끌고 나오다시피 해서 집으로 왔는데, 얼마나 화가 나는지 제 감정도 컨트롤하기가 어렵더라고요."

그러면서 요즘 집에서도 통제가 되지 않다며 최근에 생긴 여러 가지 일들을 소상히 얘기해주어 들어보았는데, 이 아이는 이미 몇 번 다른 친구들과의 문제가 있었던 터라 긴 설명 없이도 심각성은 이미 어느 정도 느끼고 있었다. 아이에게 저녁에 혹은 주말에 무얼 했는지 물어보면 늘 대답은 이런 식이었다.

"어제 엄마랑 아빠가 엄청 싸웠어요. 그래서 엄마랑 나랑 할머니 집에서 자고 왔어요."

"선생님, 어제 또 엄마가 아빠와 싸우고 커다란 가방을 가지고 나가셨어요."

나는 어머니에게 아이가 해준 말들을 전해 주었다. 어머니는 다소 충격을 받은 눈치였다. 특히 '엄마가 너무 무서워요. 늘 화만 내요'라는 말을 자주 한다는 얘기에 눈물까지 글썽였다.

아이가 불안한 환경에 처해지면 아이는 다양한 반응으로 스트레스를 표출한다. 등원 거부나 때리기, 욕하기, 던지기, 소리 지르기 등 공격적인 행동을 보이기도 한다. 감정조절이 미흡한 아이들은 이루려는 목표를 방해받거나 원하는 것들을 얻지 못하면 좌절감이 화로 표현되기도 한다. 이때 엄마는 무조건 아이를 억압하려고 하지 말고, 자연스럽고 건설적인 방법으로 화를 표현하도록 방법을 가르쳐 주어야 한다. 야단치고 벌을 주는 것보다 감정을 진정시키고 마음을 보듬어

주는 것이 바람직하다.

　가장 좋은 방법은 엄마부터 좋은 본보기가 되는 것이다. 엄마 역시 스트레스를 적절하게 풀고 화를 가라앉히는 훈련을 시작하라. 화를 푸는 방법 중에 가장 쉬운 것은 신나게 몸을 움직이는 것이다. 재미있는 놀이나 스포츠를 같이 하다 보면 화나 분노를 자연스럽게 배출하여 해소시킬 수 있다. 음악을 듣거나 친구와 수다를 떨면서 화난 감정을 표현하는 것도 좋은 방법이 될 수 있다.

　위의 사례처럼, 부모들이 화를 참지 못하고 서로 싸우는 모습을 아이에게 보이는 것은 최악의 교육이라는 것을 명심해야 한다. 아이는 스펀지와 같은 기억력을 가지고 있다고 생각하면 된다. 가끔 아이가 듣지도 보지도 못하는 것처럼 아이 앞에서 함부로 행동하고 말하는 어른들을 보면 정말 안타깝다는 생각이 든다. 잠깐의 감정을 주체하지 못하고, 입에 담지도 못할 말을 내뱉는 경우도 본 적이 있다. 아이는 이를 잠재의식 속에 넣어 두었다가, 문득 비슷한 상황이라고 여겨질 때 그 말을 던진다. 주위 사람들이 깜짝 놀라면, 그 반응이 재미있어서 더욱 자주 욕설을 내뱉는 아이도 있다. 이 모두가 주변에서 듣고 배웠기 때문이다. 아이가 만약 험한 소리를 한다면, 부모가 먼저 반성해야 할 것이다.

● 감정조절을 잘할 줄 아는 아이가 성공한다

얼마 전의 일이다. 평소 화를 잘 참지 못하는 아이가 있었는데, 그 날도 30-40분을 울며 물건을 던지고 밥을 안 먹겠다고 고집을 피웠다. 한번 감정이 폭발하면 어떤 방법도 통하지 않는 아이다.

어느 정도 진정이 된 후 아이를 불러다 오늘은 무슨 일이 있었는지 물어보니, 아침에는 친구들이 축구시합을 하는데 자기에게만 공을 안 주고 자기들끼리 패스를 하면서 놀았다고 한다. 그리고 지금은 4명이서 보드게임을 하는데 자기가 졌고, 다시 하자고 했는데 친구들이 싫다고 했다는 것이다.

"선생님, 이건 정말 불공평해요. 친구들한테 지는 게 정말 싫어요. 왜 나만 지는지 화가 나서 죽겠어요."

일곱 살 나이에 맞지 않게 말은 잘 하는데, 감정조절은 다섯 살 아이보다 못했다. 지면 화가 나고, 화가 나면 있는 그대로 화를 내야 직성이 풀리는 것이다. 왜 화가 났는지, 어떤 상황에서 화를 내야 하는지 전혀 판단이 안되는 상태였다. 그럴 때는 아이의 입장에서 논리를 펼쳐야 한다.

"아, 그랬구나. 그래서 화가 났구나. 너의 마음은 충분히 이해가 돼. 하지만 지금 네가 한 행동은 잘한 것 같니?"

"아, 아니오."

"지금처럼 화날 때마다 무턱대고 짜증부터 내면 너랑 친구하고 싶은 아이는 없을 것 같은데 너는 어떻게 생각하니?"

"잘못했다고 생각해요."

"그래, 이제 앞으로는 떼쓰지 말고 당당하게 너의 생각을 말하는 거야. 알았지?"

"네. 앞으로는 그렇게 할게요."

"그래, 약속하는 거야?"

"네."

이해를 시키니 아이는 이내 씩씩한 목소리로 대답했다. 오후에는 부모님과 상담하면서 그날 있었던 상황을 모두 알려드렸다. 집에서 '오냐 오냐' 하며 키운 것이 잘못이었던 것 같다고, 이제는 조금 더 객관적으로 판단하고 생각하며 아이를 키워야겠다며 아이와 함께 돌아가는 가족의 뒷모습에 비로소 안심이 되었다.

며칠 전, 엄마에게 욕을 하다 뺨을 맞은 초등학생이 엄마를 경찰에 신고했다는 기사를 보았다. 스마트폰으로 게임을 하던 중 밥 먹으라는 엄마에게 아홉 살짜리 아들이 욕설을 했다고 한다. 엄마가 뺨을 두 대 때리자 아들이 바로 112에 신고를 한 것이다.

이 기사를 보면서 잠시 생각에 잠겼던 기억이 난다. 엄마에게 욕을 한 아이, 그런 아이를 때린 엄마, 그런 엄마를 경찰에 신고한 아이. 이 악순환은 어디서부터 시작된 것일까? 닭이 먼저냐, 달걀이 먼저냐의 문제인 것 같지만 나는 역시 엄마가 아이를 때리지 말았어야 했다고 생각한다. 어쨌든, 엄마는 아이를 교육시켜야 할 의무가 있다. 체벌이 아닌 다른 방법으로 아이가 스마트폰 게임에 중독되지 않게, 욕설을 쓰지 않게 가르쳤어야 했다.

아직도 아이를 때려서라도 잘못된 것들을 고치거나 가르쳐야 한다는 생각으로 체벌을 가하는 엄마, 아빠들이 많다. 아이에게 화가 난 이유에 대해 분명히 표현해야 한다. 그리고 아이가 어떤 잘못을 했는지 냉정하고 이성적으로 설명할 줄 알아야 한다. 엄마의 지나친 행동에 아이들은 자신을 미워한다고 생각하여 자신을 벌 주는 것이라고 오해할 수도 있다.

꾸중이나 회초리 대신 '생각 의자'를 만들어 아이를 앉혀 눈을 감고 쉬도록 하는 것도 좋다.

다시 한 번 강조하지만, 화를 잘 내는 엄마가 화를 잘 내는 아이로 만든다. 화를 잘 낸다는 것은 감정조절을 잘 못한다는 뜻이다. 자기 뜻대로 되지 않는다고 툭하면 소리를 지르고 울음을 터뜨리는 아이는 자라면서 원만한 인간관계를 맺는데 어려움을 느끼게 되고 이는 학교나 사회 적응에 큰 문제가 되기도 한다.

　울컥 화가 솟아오르더라도 아이의 미래를 생각하며 잠시 머리를 식혀보자. 아이가 보다 현명하고 지혜롭게 성장하기를 바란다면, 그 시작은 엄마와의 관계에서부터 비롯된다는 것을 명심하자.

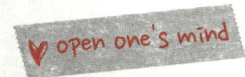 open one's mind

- 아이 때문에 사소한 일로 화가 나는 경우 어떤 방법으로 푸는 것이 좋을까요?
- 아이가 부정적인 감정을 표현할 때 가장 바람직한 태도는 무엇일까요?

< 엄마라는 이름 II >

06

아이와의 대화에는 기술이 필요하다

ᵛ

● 오감으로 소통하는 대화

　대화는 단순히 말을 전하는 것이 아니라 마음을 전하는 것이다. 마음을 움직이는 화법은 대인 관계를 원만하게 하고 인생을 즐겁게 만든다. 비판을 많이 받고 자란 아이는 공격적인 성향이 강해지고, 자라면서 받은 상처가 제대로 아물지 않으면 성장해서도 그 아픔을 남에게 호소하게 된다. 비행청소년도 알고 보면 어려서부터 불합리한 비판을 받고 자란 경우가 대부분이다.
　자녀의 말을 들어주는 것이 대화의 시작이다. 아이의 행동을 관찰하고 질문을 던짐으로써 아이가 원하는 것이 무엇인지를 분명하게 캐치하는 것이 좋다. 그러려면 부모에게 확실한 교육관 및 교육철학이 있어야 한다. 이것은 자녀들에게 앞으로의 좌우명이나 신념 그리고 인생관을 형성시키는 중요한 디딤돌이 될 것이다.

또한, 존경받는 부모가 되기 위해서는 그만큼 사랑을 베풀어야 한다. 즉, 아이들에게 올바르고 깊은 지식을 전달하기 위해 '마르지 않는 사랑의 샘'이 되어야 한다.

사실 대화에는 귀로 듣는 언어보다 더 중요한 요소가 있다. 시각적인 요소로서 단정한 용모, 따뜻한 눈 맞춤, 향기로운 냄새, 정겨운 목소리, 부드러운 스킨십 등이 이에 속한다. 시각적인 것은 45초 안에 상대가 판단하는 중요한 부분이며(55%), 음성은 38%, 말의 내용은 7%에 불과하다고 한다. 이처럼 메시지를 전달하는 것도 중요하지만 아이와 대화를 할 때는 정서적인 면을 고려하는 것이 효과적이다.

2년 전 아이 문제로 상담했던 어머니가 생각난다. 아이는 여섯 살이었는데 조금 특별하기는 했다. 나이에 비해 성에 관심이 많고, 산만했으며 늘 부정적인 말투를 썼다. 그러나 내가 더 심각하게 바라봤던 것은 아이에 대한 엄마의 지나친 태도였다. 엄마는 아이 앞에서 서슴없이 말했다.

"이런 아이가 내 자식이라는 것이 창피해요. 어디서 이런 아이가 태어났는지 모르겠어요."

어느 날인가는 아이가 친구와 다툼이 있었는데 그 말을 듣자마자 "또 얘가 그랬죠? 얘는 구제불능이에요"라고 하며 아이를 호되게 야단치는 게 아닌가.

"너 또 싸웠다며? 참 한심하다. 내가 너 때문에 못살아. 대체 왜 그러니?"

계속 아이를 다그치며 말을 이었다.

"입이 열 개라도 너는 할 말이 없지? 넌 참 누굴 닮아 그 모양이니? 어디 가서 내가 엄마라고 하지도 마라. 알았어?"

아이를 얼른 데리고 집으로 가는 모습을 보면서 '정말 친엄마가 맞나?'라는 생각까지 들었다.

아이를 바람직한 방향으로 이끌기 원한다면 인격을 모욕하는 말이나 자존심을 상하게 해서는 안 된다. 설사 아이가 옳지 않은 행동을 해도 '엄마는 항상 네 편이고, 사랑한다'는 것을 알게 해주어야 한다. 아이가 이해하기 어려운 말을 하거나 부정적인 태도를 보이면 무조건 타박하지 말고 무슨 일이 있었는지 전후 사정을 살펴야 한다.

예를 들어 '선생님께 혼났다'는 이야기를 하면 일단 아이가 속상하고 창피했을 마음을 어루만져 준 뒤에 문제를 어떻게 풀어갈까 고민해야 한다. 이렇게 엄마가 공감을 해주면 아이의 자존감이 높아지고, 대인관계가 좋아진다. 공감능력이 좋은 아이들은 인기를 얻기 마련이다.

공감능력이 많은 아이들은 생활에 만족하고, 정서가 안정적이며, 공부도 잘한다. 반대로 공감능력이 부족한 아이들은 남의 눈치를 보고, 자신감이 결여되어 위축되고 의존성이 높으며, 새로운 환경에 적응하는 것을 어려워해 문제해결능력과 수행능력이 떨어진다.

아이의 잘못이나 실수로 인한 대화는 아주 짧게, 그리고 장점이나 칭찬을 할 때는 길게 말하는 것이 좋다. 잘못된 행동을 고치기 위해 무심코 하는 엄마의 말이 아이의 문제를 더욱 심각하게 만들 수 있다. '말이 씨가 된다'는 속담이 괜히 나온 게 아니다. 아름다운 말이 아이를 아름답게 성장시킨다는 것을 명심하자.

● 마음의 문을 여는 대화의 기술

말을 하지 않는 아이가 있었다. 예쁘장하게 생긴 데다 생글거리며 잘 웃는 모습을 보면 분명 밝은 성격인 것 같은데, 아무리 말을 시켜도 대답하지 않았다. 친한 친구끼리는 작은 목소리로 속닥속닥 이야기를 나누기도 했다. 그런데 절대 어른한테는 말을 하지 않았다. 아이 어머니께 이 문제에 대해 심각하게 이야기를 나눠보기도 했지만 "저희 아이가 낯을 많이 가려서요"라는 소극적인 대답만 들을 수 있었다.

아이가 차츰 변화를 보인 것은 6개월쯤 시간이 흐른 뒤였다. 선생님들은 아이에게 말을 강요하지 않았다. 그저 아이가 뭔가를 바라보고 있으면 함께 바라보고, 웃으면 따라 웃었다. 아이가 소리 내어 대답하지 않아도 눈빛과 표정으로 하는 이야기를 캐치하기 위해 애를 썼다. 그러자 이따금씩 아이가 뭔가를 말하고 싶어한다는 것을 알 수 있었다. 한번은 퀴즈를 알아 맞히는 게임을 하는데 작은 목소리지만 "저거요" 하고 표현하는 아이의 목소리를 듣게 되었다. 아주 가냘프고 예쁜 목소리였다. 그 순간 뛸 듯이 기뻤지만, 애써 내색하지 않고 보통 때처럼 게임을 진행했다. 그리고 게임이 끝난 뒤에 이야기했다.

"오늘 네 목소리를 들을 수 있어서 선생님은 무척 행복했어. 앞으로도 자주 들려 주었으면 좋겠어. 알았지?"

아이는 웃으면서 고개를 끄덕였고, 이후로는 조금씩 말수가 많아져 보통 아이들만큼 웃고 떠들 수 있게 되었다. 나중에 들은 이야기는 부모님의 이혼 이후로 아이가 말문을 닫았다고 했다. 어른들로부터 받은 마음의 상처로 인해 벽이 생겼고, 그 때문에 소통의 한 방법인 대화를 스스로 차단한 것이 아니었을까. 그러나 단지 말만 하지 않았을 뿐, 눈빛이나 표정 등으로 분명히 소통했다고 생각한다. 그렇게 본다면 아이의 침묵은 '제발 내 상처를 들여다 봐주세요'라는 절실한 요청이었을지도 모른다. 아이 엄마가 그 소리 없는 외침을 알아들을 수 있었다면 아이의 상처는 보다 빨리 치유될 수 있었을텐데, 지금도 아쉬움이 남는다.

    이처럼 소통은 여러 가지의 얼굴을 지니고 있다. 가장 효과적인 소통 방법은 아이의 생각이나 감정에 적극적으로 공감해 주는 것이다. 그러기 위해서는 몇 가지 대화의 기술이 필요하다.

    첫째, 아이와 시선을 맞추고 대화한다. 아이가 간절하게 엄마를 쳐다보고 있는데, 엄마는 아이에게 눈을 마주치지도 않은 채 귀찮다는 듯이 건성으로 대답하는 경우를 본 적이 있다. 시간상으로는 아이와 많은 대화를 나눴다고 해도 눈을 마주치지 않으면 아이에게는 오히려 엄마의 관심을 받지 못했다는 갈증만 더해줄 뿐이다. 때로는 애정을 가득 담은 눈빛이 백 마디 말보다 더한 가치를 지니는 법이다.

    둘째, 아이의 말을 판단하려 하지 말고 일단 동조해 주어라. 아이의 시각과 부모의 시각은 서로 다를 수밖에 없다. '내가 옳고 아이는 틀리다'는 식으로 아이의 말에 일일이 토를 달게 되면 대화가 지속되기 힘들다. 아무리 엉뚱한 말을 하더라도 "그래, 우리 ○○가 그런 생각을 했구나. 어떻게 그런 생각을 했을까?" 하는 식으로 아이가 나름대로 논리를 펼쳐 나갈 수 있게 유도하는 것이 좋다.

셋째, 크고 적극적인 반응이 최고다. 쌍방향적인 소통은 아이의 두뇌 발달에도 큰 영향을 준다. 아이가 내는 소리, 냄새, 스킨십에 적극적으로 반응하고 엄마의 느낌을 아이에게 이야기하자. 엄마와의 애착형성에도 긍정적인 영향을 줄 뿐만 아니라, 아이가 건강하게 성장하는 데도 큰 도움이 된다.

아이의 눈높이에 맞추어 좋은 대화친구로서의 역할을 하는 엄마들이 많다. 몇 가지 대화의 기술만 염두에 둔다면, 아이와의 소통이 단절되는 일은 없을 것이다.

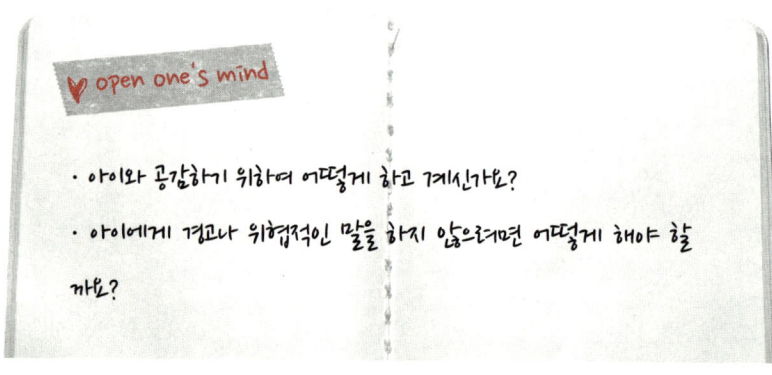

< 엄마라는 이름 Ⅱ >

07

자연은 최고의 선생님, 자연으로 내보내라

∨

● 이제는 자연으로 돌아갈 시간

자연은 아이들에게 놀 거리를 제공하고, 노는 법을 알려준다. 자연과 놀다보면 자연과 생명의 소중함을 알게 되고, 생각하는 아이로 성장한다. 흙냄새, 나무향기, 꽃향기, 바람소리가 있는 생생한 자연 속에서 지내는 것만으로도 자연스럽게 호기심이 생겨나 창의력과 관찰력이 발달된다. 또한, 다양한 생물과 무생물에 관심을 가지게 되며, 다양한 생물들이 살아가는 모습을 보고 생명에 관심을 기울이며 존중하는 마음이 생겨난다. 즉 자연은, 자신은 물론 다른 생명체의 소중함까지 일깨워주는 최고의 선생님이다.

하지만 요즘 아이들이 살아가는 공간은 어떤가. 회색 벽으로 둘러싸여 있는 아파트, 마구 달리는 자동차의 매연과 먼지로 가득한 도로들, 각박한 세상에서 아이들의 사고는 점점 폐쇄적으로 변해가며, 경직되고 있다. 이러한 환경에서 아이들이 가지고 노는 것은 딱딱한 플라스틱 장난감과 기계들이다. 이런 장난감들로는 일방적이고 수동적인 놀이밖에 할 수 없다. 창의적이고 밝은 아이로 자라는 데 도움이 될 리가 없다.

자연은 도시에서 짓눌린 아이들의 마음을 열어주고 마음껏 뛰고 싶은 충동과 기쁨을 가져다준다. 자연의 변화무쌍한 생태가 끊임없이 아이들의 호기심을 자극하고 자유와 여유로움을 선사한다. 내가 항상 자연으로 내보내야 건강하고 지혜로운 아이로 성장할 수 있다고 부모들을 설득하는 이유도 여기에 있다. 무엇보다 중요한 것은 자연은 그 자체로만도 아이들에게 최고의 선생님이라는 점이다.

스위스의 교육자인 페스탈로치는 '아이들을 자연으로 내보내라, 언덕 위에서 아이들을 가르쳐라. 그곳에서 아이들은 더욱 좋은 소리를 들을 것이고, 그때 가진 자유의 느낌은 아이들에게 어려움을 극복할 수 있는 힘을 줄 것이다'라며 자연이 아이들에게 어떤 교육적 가치를 지니는지 강조한 바 있다.

나는 1998년부터 경기도 분당에서 유치원을 운영하던 첫해부터 3년간 소를 키웠다. 동물과 교감하는 방법을 가르쳐주고 싶었기 때문이었다. 당시 아이들은 소의 이름을 지어주고 매일 이름을 불러주며 먹이를 주고, 말을 건네기도 했다. 그러면 소는 알아듣기라도 하듯, 커다란 두 눈을 깜박이면서 아이들을 바라보곤 했다.

지금은 신도시가 되어 소는 키우지 못하지만, 토끼와 다람쥐, 닭, 병아리, 거북이, 물고기 등 최대한 많은 동물들을 접할 수 있게 환경을 제공하고 있다. 그뿐인가. 고추, 호박, 화초호박, 감자, 오이, 가지, 벼, 방울토마토, 상추, 파, 부추, 감자, 배추, 무 등을 텃밭에서 아이들이 직접 심고 관찰하고 수확할 수 있게 해주었다. 도시 아이들로서는 한 번도 접해보지 못한 새로운 경험에 어떤 놀이를 한 것보다 즐거워하고 신기해한다. 그 외에도 뽕나무에서 오디열매를, 은행나무에서 은행을, 보리수나무에서 보리수를, 살구나무에서 살구를, 앵두나무에서 앵두를 수확하여 먹는 기쁨도 누리도록 하였다. 자연과 접목하여 이루어지는 교육이 가장 좋은 교육이고, 자연이 최고의 선생님이라고 생각하는 것이 나의 교육관이다.

이따금 나의 생각에 동의하는 학부모들이 문의를 해오곤 한다. 아이에게 자연을 접하게 하고 싶어도 가까운 시골이 없어 갈 곳이 없다고. 반드시 농사 짓는 외갓집이 없어도 된다. 가까운 숲길이나 오솔

길, 냇가에만 가도 할 수 있는 놀이가 무궁무진하다.

예를 들어 보리밭 샛길 걷기, 보리피리 불어보기, 물고기에게 먹이주기, 양어장 체험하기, 갯벌 체험하기, 산책로 걷기, 과실수 따기 체험하기, 새둥지 관찰, 하천변 저습지에서 습지식물 체험하기, 생태계의 생물들을 관찰할 수 있는 생태교육 받기, 맨발로 숲 걷기, 식물원 가기, 전시실이나 자연 관찰실 가기, 옥상정원이나 들꽃정원 가기, 수생식물원이나 소리동산 가보기 등 찾아보면 어마어마한 자연들이 우리를 기다리고 있다.

● 자연 속에서 성장하는 최고의 인재들

몇 해 전 선천적으로 항문이 없어 인공항문 수술을 하고, 한쪽 다리가 소아마비 증세가 있어 걷는 것조차 불편한 아이가 유치원에 입학했다. 인공항문이다 보니 스스로 변을 보지 못해 늘 엄마가 변을 볼 수 있도록 관장을 시키고 아이를 유치원에 보내셨다. 하루에 10번도 더 묽은 변을 보았고, 하루에 여러 번 속옷을 바꾸어 입혀 주어야 했다. 한쪽 다리에 힘이 없어 층계를 오르내리는 것 또한 누군가의 손길이 필요했다.

3년째 다니던, 7살이 된 어느 날이었다. 틈만 나면 화장실에 들어가 용을 쓰는 모습을 보고 물어 보았다.

"왜, 변이 잘 안 나오니?"

"변이 안 나와서가 아니라 항문 조이는 연습을 하는 거예요. 8살 되면 학교에 가야되는데 실수하면 친구들이 놀릴까봐 혼자 화장실에서 깨끗하게 변을 볼 수 있도록 노력하는 거예요"라며 땀을 흘리며 고통을 참아 내는 것이 아닌가.

그러던 어느 날, 우연히 숲에서 엄마와 통나무를 들고 서있는 사진을 보게 되었다. 물어보니, 매주 주말마다 엄마랑 산에 가서 체험활동을 한다고 했다. 자연 속에서의 시간이 건강함과 성실함, 어른스러운 성격을 갖출 수 있었던 비결인 셈이다.

졸업하기 며칠 전 졸업발표회가 있었다. 아이들 개인마다 각각 율동을 2~3개 하고, 리듬합주를 하고, 장구를 치고, 마지막 전체 합창을 하는 프로그램인데, 그날 누가 봐도 장애가 있다고 보이지 않을 정도로 율동까지 완벽하게 소화해냈다. 감동적인 졸업발표회가 끝나고 며칠 뒤 졸업식이 있었는데 그 친구는 3년 개근상을 받았다. 정상적인 아이도 1년 개근하기 어려운 점을 생각하면 정말 대견하고 자랑스러운 일이었다. 이 모든 것이 자연 속에서 정신력을 갈고 닦은 덕이 아닐까.

한 연구 자료에 의하면 세계적으로 성공한 사람들의 어린 시절을 통계내 본 결과, 농촌이나 자연 환경이 아름다운 곳에서 유년기를 보낸 경우가 압도적으로 많았다고 한다. 자연 속에서 오감을 충분히 발달시키고, 만물과 소통하며 자라난 경우 더욱 창의적인 두뇌와 리더십을 갖출 수 있음이 입증된 셈이다.

최근에는 너무 이른 나이에 각종 디지털 기계에 노출되어 부작용을 겪고 있는 경우를 자주 보게 된다. 특히 스마트폰 중독은 두뇌 발달에 최악의 영향을 줄 정도로 심각한 문제로 떠오르고 있다. 엄마 입장에서는 아직 제대로 걷지도 못하는 아이가 기계를 작동시킬 줄 아니 신기하기도 하고, 울고 떼쓰던 아이가 스마트폰만 쥐어주면 조용해지니 이처럼 편리할 수가 없다. 그러나 자연에서 받는 자극이 아니라 기계적인 자극을 받게 되면 아이의 인성 발달이나 두뇌 발달에 나쁜 영향을 줄 수도 있으니 가능하면 자제해야 할 것이다.

우리 유치원에도 도시 문화에만 익숙해져 있다가 자연 속에서 노는 것을 어색해 하는 아이들이 더러 있다. 그러나 아이들은 본래 가장 자연과 가깝게 태어나는 법이다. 이내 친구들과 어울려 흙을 가지고 놀고, 자연이 내는 소리에 귀 기울이고, 여러 동물들과 매일 눈을 마주치며 인사 나누는 과정 속에서 아이들은 서서히 변한다. 그 변화가 얼마나 아름다운지, 겪어본 사람은 이해할 수 있을 것이다.

난 가끔 생각한다. 자연은 우리를 더욱 강하게 만들어주고, 건강하게 해주며, 몸과 마음의 병을 치유해 준다고. 그러나 어릴 때 자연과 접해본 경험이 없는 사람은 어른이 되어서도 자연과 멀어진 삶을 살 수밖에 없고 몸과 마음은 점점 병들어간다. 따라서 부모가 아이에게 줄 수 있는 최고의 선물은 아이가 자연과 친해질 수 있도록 환경을 만들어 주는 일이다. 가능한 한 어려서부터 가족과 함께해야 거리낌 없이 자연과 친해질 수 있다는 점을 명심하자. 직접 고사리 같은 손으로 야채나 나무를 길러보고, 흙과 물을 가지고 신나게 놀면서 상상력과 창의력을 키워나가는 아이. 이런 아이가 얼마나 멋진 어른으로 성장할지 충분히 상상이 되지 않는가.

♥ open one's mind

- 이달에는 자연을 만나러 어디로 떠나 볼까요?
- 자연에서 지켜야 할 규칙에는 무엇이 있을까요?

< 엄마라는 이름 II >

08

당장
단둘이서 떠나라!
〈아빠! 어디 가?〉처럼

▼

O 아이와 단둘이 떠나는 여행의 행복

얼마 전 한 지인으로부터 놀라운 이야기를 들었다.

"우리 신랑은 아이랑 가끔 공동묘지를 가요."

"네? 왜요?"

"아이에게 담력을 키워주려고요. 또 밤늦게 손잡고 걸어가면서 대화를 하면 더 깊이 있는 대화를 나눌 수 있어서 좋대요."

처음에는 참으로 특이하다고 생각했지만, 새삼 그 아빠가 참 대단하다는 생각이 들었다. 일부러 밤에 시간을 내어 아이를 데리고 공동

묘지를 방문하는 정성은 나름의 교육관이 없으면 나오기 힘든 것이다. 진짜 공부는 책상머리에서만 하는 게 아니라는 진리를 누구보다 잘 알고 있는 아빠인 것이다.

요즘 아이들은 바쁘다. 6살만 되어도 학원을 몇 개나 다녀야 하고, 집에 오면 요일별 학습지가 기다리고 있다. 때때로 체험활동도 해야 하고, 친구들 생일파티를 챙기는 것도 잊으면 안 된다. 웬만한 어른보다 바쁜 아이들이 많아졌다.

이러다보니 아이들은 어려서부터 자유롭게 생각하는 여유도 누리지 못하고 학교에 입학하고 있다. 한창 부모들과 함께 시간을 보내며 교감하고, 애착을 키워나가야 할 시기에 너무 혹사당하는 것 같아 안타깝기만 하다. 그러던 차에 우연히 MBC 예능프로그램 〈아빠! 어디 가?〉를 보면서 '앗, 저거다!' 싶었다. 엄마 혹은 아빠와 단둘이 떠나는 캠핑을 통해 서로에 대해 더욱 알 수 있고, 각자 미래에 대해 생각해 볼 수 있는 기회를 가질 수 있기 때문이다.

그래서 요즘 상담할 때 부모님들께 많이 해주는 말은 〈아빠! 어디 가?〉 프로그램처럼 가족끼리 여행을 떠나보라는 권유를 자주 하곤 한다. 가족 모두 가는 것도 좋지만 아빠와 아이 또는 엄마와 아이가 가는 여행은 서로의 빈자리를 느껴 상대의 소중함을 배우게 되고, 아이와 단둘만의 시간을 가짐으로써 더욱 친근하고 돈독해질 수 있기 때문이다.

아이들에게만 그런 시간이 필요한 것은 아니다. 아빠 혹은 엄마에게도 온전히 아이 생각만 할 수 있는 시간이 필요하다. 요즘 자녀 수가 적다보니 그만큼 많은 시간을 투자하고 있는 것 같지만, 실질적으로 아이만을 위해 쓰는 시간은 하루 중 얼마 되지 않는다. 집에 있으면 잡다한 살림을 손에서 놓을 수 없고, 남는 시간도 TV나 컴퓨터에 빼앗기기 일쑤다.

잠시라도 집을 떠나 아이와 단둘이 함께 있는 시간을 가져보는 것만으로도 수많은 것들을 얻을 수 있으리라 장담한다. 이를테면, 아이 장래를 위해 해줄 수 있는 것들은 무엇이고, 어떻게 해야 우리 아이가 행복하게 살 수 있는지 생각해 볼 수 있는 기회가 될 것이다. 좋은 조건의 직장에 들어가면 아이가 정말 행복할 수 있을지, 지금 공부하는 영어, 수학이 장래에 어떤 역할을 하게 될지 곰곰이 생각하다보면 지금 아이와 어떤 시간을 보내야 할지 답을 찾을 수 있을 것이다.

우리가 생각하는 것보다 아이들은 참 빨리 큰다. 몸은 그런데 마음은 5~6세 때 형성된 인격과 가치관을 가지고 평생을 갈 수도 있다. 어린 나이일수록 인성교육에 주의를 기울여야 하는 이유가 여기에 있다. 진짜 중요한 것이 무엇인지 간과한 채 별것도 아닌 것에 매달려 사는 건 아닌가 생각해 봐야 한다. 진짜 중요한 것은 너무 늦기 전에 다음 주, 다음 달로 미루지 말고 당장 아이와 떠날 준비를 계획하는 것이다.

여행 장소는 아이가 원하는 곳으로 정하는 것이 좋다. 요즘 아이가 이순신 장군 위인전에 빠져있다면, 여수에 거북선을 보러 가는 것은 어떤지 아이와 동화책을 보거나 지도를 보면서 의논하는 것이다. 공룡을 좋아한다면 공룡전을 보러 가도 좋다. 복잡한 일상을 떠나 여행을 간다는 것은 고생도 되겠지만, 자신을 돌아볼 수 있는 시간을 얻게 되고, 마음의 풍요로움과 여유로움까지 덤으로 얻어 오게 될 것이다.

◉ 아이와 함께 여행하면 덤으로 따라오는 것들

새소리를 들으며 밤하늘의 별을 헤아릴 수 있는 여행만큼 행복한 일이 또 있을까? 그 여행이 캠핑이라면 더욱 감미로울 것이다. 텐트 치고 함께 밥 해먹고, 밤하늘의 별을 보고 미래의 꿈을 생각하며 잠이 든다면 마음의 키가 다음 날 아침 부쩍 커져 있지 않을까.

자연 속에서 모닥불을 지피고, 낚시하고, 등산하고, 자전거를 타고, 조개도 잡고 이러한 활동을 적어도 1년에 한두 번씩은 계획해 보

자. 자연과의 교감 속에서 가족 사랑이 배로 많아짐을 느낄 것이다.

아이가 초등학교 4학년이 되도록 이런 경험을 해보지 못했다면, 앞으로 아이와 단둘이 가는 것을 포기해야 할지도 모른다. 그때쯤 되면 대부분의 아이들은 "두 분이 다녀오세요"라며 정중히 가족과의 여행을 사양하기 때문이다. 이 책을 읽고 있을 여러분들에게 작은 바람이 있다면 눈앞의 현실에만 급급해 여유를 잃고 살지 말라는 것이다. 어느 날 훌쩍 커버린 두 아이의 엄마로서 인생의 선배로서 여자가 여자에게 전하고 싶은 메시지다. 아이들과 무심코 흘려보낸 일상이야말로 훗날 우리의 삶이 가장 빛났던 순간이며, 그 순간이 삶을 더욱 소중하게 만들어 주고 있었다는 것을 훗날 깨닫게 될 것이다.

《바람이 우리를 데려다 주겠지》의 저자 오소희 작가는 네 살배기 아들과 세계 이곳저곳으로 배낭여행을 다니며 느낀 사색과 감상을 책으로 엮어내 화제를 모은 바 있다.

"유모차도 없이 둘이서 열심히 걷고, 보고, 느꼈어요. 아무래도 아이랑 여행을 하면 기존의 관광 형태에서 벗어날 수밖에 없어요. 아이가 한참 걷다가 땅에 있는 개미를 쫓아 움직이기 시작하면 저도 덩달아 쭈그리고 앉아서 개미들을 쳐다봐요. 나무 한 그루를 보더라도 아이가 '여기 이렇게 멋진 나무가 있구나' 하면 아이와 나무에 대해 이야기를 하게 되고요."

그렇게 올해 열세 살이 된 아들과 함께 지난 10년간 무려 25개국을 다녀왔다는 그녀. 단순히 좋은 것을 구경하기만 하는 '관광'이 아니라 '사람과의 교감'을 중심으로 한 여행을 했기 때문에 두 사람은 발길이 닿았던 곳마다 두고두고 잊지 못할 소중한 추억들을 남겼다. 어릴 적부터 꾸준히 여행을 다닌 덕분에 아이는 또래 아이들보다 더 큰 용기와 자신감을 갖게 됐다고 한다. 또 어렵고 힘든 상황에 부딪히면 겁에 질리기보다 스스로 해결해 나가려고 노력하고, 오히려 뭔가 해낼 수 있다는 마음으로 그 순간들을 기꺼이 즐겁게 받아들인다고 한다. 사춘기에 접어들면 어색해지기 마련인 아들과의 사이가 유달리 돈독한 것은 물론이다.

이처럼 어려서부터 아이와 함께 다니는 것을 자주 해봐야 중학생, 고등학생이 되어도 함께 다닐 수 있다는 것을 기억하라. 여행은 일상을 특별하게 만들어 주는 양념과도 같다. 하루하루 바쁘게 보내는 데 매몰되어 일상의 소중함을 느끼지 못하는 가족들이라면 더더욱 자주 여행을 떠나야 한다. 돈이 없어 해외여행을 엄두도 못 낸다고 우울해 할 필요는 없다. 아이 손을 잡고 발길 닿는 대로 다니다가 힘들면 다시 돌아오면 그뿐이다. 여행이 즐거우면 행복한 추억 하나가 더 생겨서 좋고, 여행이 힘들면 우리가 아무렇지 않게 누렸던 일상이 고마움으로 다가와서 좋다.

그리고 여행 갈 때마다 기록문처럼 보고 느끼는 것들, 자녀와 나눈 대화들을 구체적으로 자세하게 남기는 것은 훗날 좋은 추억이 된다. 5년, 10년 혹은 20년 후에 사진과 글을 보면 큰 기쁨을 느낄 것이다. 아이가 커서 시집, 장가를 갈 때 그 노트를 주면 부모님이 그리울 때마다 그 추억의 노트를 펼쳐 보며 따스했던 엄마의 기억을 떠올리며 그리워 할 것이다. 이 또한 아이들과의 여행이 주는 소중한 선물이 아니겠는가.

♥ open one's mind

- 아이와 함께 여행을 떠난다면 어디가 좋을까요?
- 아이와 함께 여행을 다녀와서 가기 전과 가고 난 후 어떻게 달라졌나요?

09

나는 남편이
아이랑 놀아줄 때
행복하다

⌄

◉ 아이와 잘 노는 아빠가 최고의 아빠

"아이와 놀아주는 것이 이렇게 힘들다는 것을 처음 알았어요. 아내가 참으로 대단하네요."

"아이와 평생 이렇게 길게 놀아본 것은 처음이에요. 앞으로 자주 놀아줘야겠어요."

"아이와 노는 방법을 조금은 알 것 같아요."

가끔 아빠들이 참여하는 프로그램을 운영하곤 한다. 프로그램이 끝나고 평가를 들어보면 참 흥미롭고 재미있다. 평소 기회가 많이 주어지지 않아 그렇지, 요즘 젊은 아빠들은 아이와 참 잘 논다. 금세 적응해서 아이의 눈높이에 맞게 분위기를 맞춰주는 모습들을 보면 괜히 뿌듯한 마음이 든다.

요즘 아빠들이 참 많이 달라졌다. 예전의 권위적이고 가부장적인 아버지들과는 달리 요즘 아빠들은 아이를 함께 돌보고 놀아준다. 그래서 아이들은 아빠를 무섭거나 어렵게 생각하지 않기 때문에 자유롭게 소통한다.

아이와 시간을 함께 보낸다고 해서 특별한 무언가가 있는 것이 아니다. 공을 들고 근처 초등학교 운동장으로 가서 땀 흘리며 신나게 축구를 하고 들어와 함께 목욕을 하거나, 아이가 좋아하는 동화책을 읽어주고, 함께 요리를 하는 것만으로도 아이에게 최고의 아빠가 될 수 있다. 그렇게 하지 않으면 언젠가 방문을 쾅 닫고 들어가 소통을 거부하는 아이의 뒷모습만 보게 될 수도 있다는 것을 명심해야 할 것이다.

아이들의 그림을 보면 어떤 아빠를 두었는지 알 수 있다. 늘 아빠와 노는 아이들은 등장인물에 꼭 아빠가 있지만, 그렇지 않은 경우 아빠를 아주 작게 그리거나 아예 그리지 않기도 한다. 혹여 무섭게 대하거나 화를 자주 내는 아빠는 빨간색 또는 검정색 옷을 입고 있는 모습으로 그리거나, 자기와 멀리 떨어져있게 그리기도 한다. 이러한 아이들은 친구들과 함께 있어도 아빠에 관한 이야기를 절대 하지 않는다.

그러나 아이들은 아빠와 노는 것을 참 좋아한다. 이것은 체력이 약한 엄마가 채워줄 수 없는 부분이기도 하다. 특히 아들일 경우 마치 친구처럼 같이 몸으로 어울리며 노는 시간은 아이들에게 더없는 기쁨이 된다. 특히 블록, 자동차, 로봇, 공 등을 이용해 활동적인 놀이를 함께 해주면 좋다. 이때, 뭔가를 가르쳐 주려고 하지 말고 아이와 시선을 맞추고 함께 논다는 마음으로 시간을 함께 보내는 것만으로도 충분하다. 어려서부터 아빠와 활동이나 체험을 함께 즐긴 아이들은 청소년이 되어서도 아빠와 할 수 있는 소재를 찾고, 대화를 나눈다. 또 아빠가 하는 일, 다른 직업에 관한 것 등에 대해 이야기 나누면 아빠에 대한 이해가 높아지고, 미래를 함께 고민하며 유대감과 친근감을 오래 지속할 수 있다.

○ 아이의 성향에 맞는 놀이가 필요하다

'무조건 아이와 놀아줘야 한다'는 강박관념이 앞서 아이의 성향을 세심하게 파악하지 못하면 문제가 생길 수도 있다. 부모는 외향형이고 아이가 내향형일 경우, 부모의 눈에 아이의 행동이 답답할 수 있고, 반대로 부모가 내향형이고 아이가 외향형일 경우 부모의 눈에 아이는 사고뭉치로 보일 것이다. 외향형 부모는 아이에게 적극성을 주문할 것이고, 내향형 부모는 아이에게 침착성을 요구할 것이다. 하지만 그럴수록 모두가 지치고 만다. 결국 '아이와 나는 궁합이 안 맞는다'며 한숨을 쉴 것이다. 아무리 부모 자식 간이라 하더라도 성향은 모두 다다를 수밖에 없다는 것을 인식하고 서로에 대해 먼저 알아보는 게 순서가 아닐까.

누구나 기질적으로 타고난 성격은 평생 변하기가 어렵다. 내 속으로 낳은 자식이라도 제대로 이해하지 않으면 함께 놀이를 해도 즐겁지 않다. 아이들의 성격은 모두 다르다. 활동적인 아이, 소극적인 아이, 호기심이 많은 아이, 집중력이 없는 아이, 수줍음이 많은 아이, 자신감이 부족한 아이, 산만한 아이, 고집이 센 아이 등 이렇게 다양한 성격은 재능이며 자원이 된다. 각자가 가진 특징을 잘 살려나갈 수 있는 교육을 해야 한다.

하지만 부모들이 이를 알지 못하면, 아이의 장점을 단점으로 보는 경우도 있고, 오히려 발전시켜야 할 부분을 잘못 인식해 바꾸려고 하는 경우도 생긴다. 아이의 타고난 성격을 억지로 바꾸려고 하면 부작용이 생길 수밖에 없다. 따라서 아이에 대한 객관적인 성향과 성격을 제대로 파악하고 타고난 재능이 무엇인지 알아보는 것이 먼저다. 이를 가장 쉽게 알아볼 수 있는 방법은 아이와 함께 뒹굴며 노는 시간을 갖는 것이다. 아이가 어떤 성향을 가지고 있는지, 장점과 단점은 무엇인지 생각보다 훨씬 수월하게 파악할 수 있다. 그렇게 아이의 재능을 알아보고, 파악이 되었다면 이를 적극적으로 지원해 주어야 한다. 즉, 아이를 있는 그대로 인정해주고 잠재력을 더욱 키울 수 있게 응원해주어야 한다.

Tip. 우리 아이와의 궁합 보기

일상생활에 활용할 수 있도록 고안된 자기보고식 성격유형지표인 MBTI에 대해 한번쯤 들어보았을 것이다. 심리학자 칼 구스타프 융이 고안한 이 이론에 따르면 사람의 성격에는 네 가지 상극이 존재한다고 한다. 과연 내 아이와 성향이 다르다면 어떻게 인도해주면 좋을까?

- **외향형 부모와 내향형 아이**

아이가 신중하고 소극적인 경우 외향적인 부모는 이를 답답하게 여기고 다그치기 십상이다. 가능하면 같은 말을 반복하지 말고 허락 없이 아이의 물건을 만지지 않는 등 보다 신중하게 행동을 해야 한다.

- **내향형 부모와 외향형 아이**

내향적인 부모인 경우, 활발하고 시끄러운 외향형 아이를 다루기 힘들 수도 있다. 되도록 아이의 에너지를 최대한 발산할 수 있도록 돕고, 아이의 행동이나 활동에 관심을 가지고 표현해주며 자주 피드백을 주어야 한다.

- **감각형 부모와 직관형 아이**

풍부한 상상력과 호기심을 가진 직관형 아이. 이에 대해 말도 안된다고 일축하지 말고, 아이의 말에 진지하게 반응해 주고, 독특하고 엉뚱한 생각을 인정하며 호응해 주도록 한다.

- **직관형 부모와 감각형 아이**

오감을 활용하는 다양한 체험활동을 즐길 수 있도록 도와주어야 한다. 박물관을 방문하거나 자연체험활동을 함께 다니며, 새로운 정보를 친절하게 설명해주고 세심한 부분에 신경 쓰도록 한다.

- **사고형 부모와 감정형 아이**

사고형 부모는 냉정하고 이성적인 사고를 중시하기 때문에 아이의 감정 변화에 소홀할 수도 있다. 아이의 감정에 귀를 기울여 주고, 억울하고 속상한 일이 있을 때는 공감하며 안아주고 위로해 주면서 아이가 잘하는 것을 칭찬한다.

- **감정형 부모와 사고형 아이**

사고형 아이는 감정에 휘둘리는 일이 적다. 이에 대해 객관적인 정보를 제공하고, 아이의 논리적인 사고를 수긍하고 인정해 준다. 어떠한 문제를 확대 해석하지 말고, 객관적으로 바라보려고 노력한다.

- 판단형 부모와 인식형 아이

판단형 부모는 계획대로 정확하게 진행되지 않으면 마음이 불편하다. 그러나 이는 특성의 차이일 뿐이라고 생각해야 한다. 아이의 느긋한 특성을 받아들이고 지시하거나 잔소리하지 않는다. 아이가 자율적으로 선택할 수 있는 기회와 시간적 여유를 주며 천천히 조금씩 할 수 있도록 도와준다.

- 인식형 부모와 판단형 아이

아이가 무엇을 어떻게 왜 해야 하는지를 알려주고, 일을 마무리 짓는 동시에 성실함을 칭찬해 준다. 이때 부모가 먼저 약속을 어긴다면 신뢰가 깨질 수 있으니 조심해야 한다. 만약 지키기 어려운 약속이라면 미리 부모의 여유와 느긋함에 대하여 아이와 이야기를 나누는 편이 좋다.

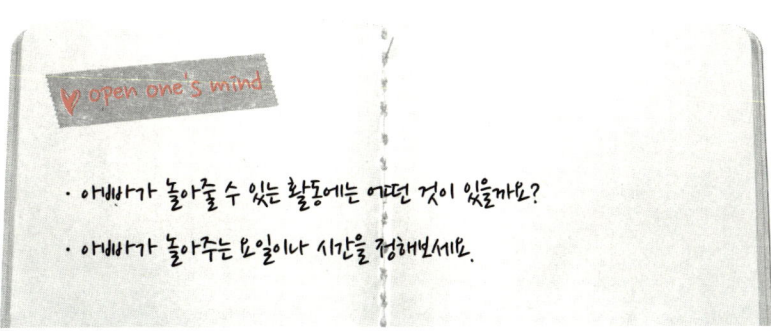

Story 4

그리고 나

여자의 인생, 결혼 후가. 진짜다.

아자의 인생[, 결혼 후가 진짜다.

< 그리고 나 >

01
대한민국 아내로서
삶의 균형잡기

∨

◯ 아내 그리고 여자, 이름 찾기

신부가 부케를 들고 식장 안으로 수줍게 들어간다. 평생 함께할 사람과 사랑을 맹세하는 거룩하고 성스러운 순간이다. 옆에 있는 사랑하는 이는 빛이고 믿음이며 희망이고 행복이다. 영원히 사랑하고 사랑받는 것과 서로에 대한 믿음만은 바뀌지 않겠다는 맹세를 하며, 나는 그렇게 한 남자의 아내가 되었다.

결혼을 해도 평생 여자로만 살 줄 알았다. 연약하고 탐스럽게 피어나는 꽃처럼 그런 여자로만 살 줄 알았다. 행복과 불행, 기쁨과 슬

품, 즐거움과 괴로움 등 세상살이에는 늘 빛과 그림자가 있음에도 불구하고, 막연하게 늘 행복과 기쁨, 즐거움만 있을 것이라는 허황된 꿈에 부풀어 있었다. 하지만 나의 지난 결혼생활을 되돌아보면 행복했던 기억보다 힘들고 슬프고 괴로운 기억들이 더 많은 게 사실이다.

지금껏 한 남자의 아내로 두 아이의 엄마로 끊임없이 노력하며 살았다. 슬픔과 괴로움들이 나만 쫓아다닌다고 생각했던 적도 많았다. 가끔은 지나온 시간들을 돌리고 싶어질 때도 있다. 나만 바라보며 영원할 것 같은 사랑이 온데간데없이 사라졌다고 생각되거나, 이제는 변해도 너무 변했다고 생각될 때면 외롭고 서글퍼지기까지 했다.

지난 결혼생활을 되짚어 보면서 이제 막 결혼하고 육아를 시작할 젊은 주부들에게 해주고 싶은 조언이 참 많다. 내가 잘나고, 대단해서가 아니다. '내가 지금 알고 있는 것을 그때도 알았더라면' 했던 것을 알려줌으로써 시행착오를 조금이라도 덜 했으면 하는 바람에서다.

첫 번째는, 자신의 이름을 잊지 말라는 것이다. 많은 여자들이 결혼하고 나면 나 자신으로 살기보다 아내, 엄마라는 이름으로 살아간다. 물론 엄마, 아내라는 이름 또한 평생을 지켜가야 할 소중하고 예쁜 이름이다. 그러나 그것은 타인이 나에게 붙여준 이름이어서 의무가 더 강조된다. 내가 원하는 삶을 살려면 '나는 누구인가, 무엇 때문에 사는가, 누구를 위하여 사는가, 도대체 어떻게 살아야지?'라는 질문을 항상 가슴에 품고 살아야 한다. 특히 30대 워킹맘의 경우 일과 육아에 치여 자기계발은 꿈도 꾸지 못할 형편인 경우가 많다. 그러나 바쁜 와중에도 '나'를 잃지 않기 위해 노력해야 나중에 '나'를 다시 찾는데 많은 시간을 낭비하지 않게 된다.

두 번째는, 부부 간의 공통분모를 끊임없이 찾아야 한다는 것이다. 부부는 상대의 입장과 환경을 이해하고, 사소한 것까지 서로 이야기 나누는 것이 중요하다. 상대의 마음을 읽고, 귀를 기울여주며, 상처까지 위로해줄 줄 알아야 진정한 소통이 이루어질 수 있다. 스스로 치유할 수 없는 상처와 외로움들을 서로 보듬어 주며 살아야 할 것이다. 그것이 진정한 부부 아니겠는가.

● 균형을 찾아가는 하루하루

바쁘게 일주일을 보내고 난 후의 주말이다. 그나마 조금 여유가 생기는 시간이라 나는 일부러 주말에 일터에 나와 밀린 서류를 체크하고, 다음 주 할 일들을 확인하곤 한다.

지난 여름, 주말에도 그렇게 일을 하고 있는데 갑자기 닭 울음소리가 나서 가보니 닭장 문이 활짝 열려 있었다. 우리 유치원에는 총 일곱 마리의 닭을 키우는데 한 마리만 닭장에 있고, 나머지는 보이지 않았다. 둘러보니, 한 마리는 근처에 죽어있었고, 나머지 닭들은 마음대로 돌아다니고 있었다. 아무래도 근처 초등학생들이 몰래 들어와 벌인 일인 것 같았다. 무더운 날씨에 이곳저곳을 뛰어다니며 나머지 다섯 마리를 찾아 우리에 다시 들여보내고는 문단속을 단단히 했다. 생각지도 못한 소동에 땀이 비 오듯 흘렀다.

다시 책상 앞에 앉아 일에 집중하려고 했지만 좀처럼 손에 잡히지 않는다. 괜스레 책상과 서류를 정리하고 방을 쓸고 닦고 했다. 모처럼 홀로 여유로운 일요일을 보내기 위해 왔더니 이게 무슨 일인가 약간 짜증이 나기도 했다.

그렇게 정신없이 일을 하다 보니 어느새 시간은 저녁 때를 향해 가고 있다. 지친 몸을 이끌고 집에 돌아가 엉덩이 한 번 붙여보지도 못한 채 저녁식사를 준비해야 했다. 찌개를 끓이고, 반찬을 몇 개 만들어 식탁을 채워가는데, 남편이 냉랭한 표정으로 앉는다. 보수적이고 가부장적인 남편은 일하는 아내라도 주부로서 조금이라도 흠이 보이면 무섭게 비난하곤 했기 때문에 나는 가슴이 덜컹 내려앉았다.

'또 무슨 일이지?' 불안한 마음에 괜히 반찬을 한두 개 더 올려본다. '오늘은 제발 조용히 식사나 하지!'라는 간절한 바람이 무색하게 이 날도 역시 지겨운 잔소리가 시작되었다.

"집안일은 어떻고, 아이들 교육은 어떻고……."

이럴 때 나는 세상의 소리를 꺼버릴 수 있는 신기한 리모컨이 있다면 음소거를 누르고 싶다는 생각이 들었다. 그리고 다시금 생각한다. 사랑은 환상이고, 결혼은 현실이라고.

결혼한 여자의 일상이 대부분 이렇지 않을까 싶다. 사회적인 성공과는 별개로 집에서는 어쩔 수 없이 아내로서 주부로서 해야 할 일을 게을리할 수 없는 것이 현실이다. 두 마리 토끼를 잡기 위해 하루 24시간이 모자라게 동분서주해야 하는 여자의 삶이 유난히 고달프게 느껴지는 하루였다.

그렇게 결혼생활에 회의가 느껴지고 유난히 힘든 하루를 보낸 밤이면 나는 종종 결혼 전 내 앨범을 꺼내보곤 한다. 그곳에 지금의 나와는 다른 아름다운 여자가 있다. 아내와 엄마라는 이름으로 피폐해진 지금의 나라고는 도저히 상상할 수 없다. 어떤 괴로움과 슬픔도 모를 것 같은 당당하고 예쁜 미소를 보며 슬며시 따라 웃기도 한다. '아, 내가 예전에는 꽤 괜찮았었구나!' 하며 잠시 현실에서 벗어나 추억의 시간 속으로 파고 들게 된다.

앨범 속에서 막 연애를 시작했을 때의 사진 몇 장을 발견했다. 그

때는 이것이 운명의 시작인 줄 까맣게 몰랐다. 질긴 인연의 끈으로 시작된 결혼생활이었다. 가끔 서운했고, 외로웠고, 소외감과 배신감도 들었던 적도 있다. 20년이라는 기나긴 결혼생활 동안 우리가 겪었던 수많은 사건 사고들을 어떻게 한 줄로 표현할 수 있을까.

지난 사진들을 한장 한장 들여다보고 있노라니 문득 궁금해졌다. 우리는 서로 어떤 모습으로 기억할까. 깔깔거리며 웃고, 보고 싶어 안달이 날 때가 언제쯤이었는지 벌써 가물가물하다. 생각해보니 한때는 함께 마라톤도 참가했고, 새벽마다 탄천을 달려보기도 했고, 새벽마다 수영을 함께한 적도 있다.

왜 이렇게 서로를 충족시켜 주지 못하고, 각자의 기대에 어긋나는 것일까? 우리는 가끔 몸과 마음이 아파서 걷기조차 힘든 시간이 있다. 그래, 지금은 잠시 고통을 남의 탓으로 돌리고 휴식을 취하는 중일 것이다. 내일이면 곧 힘든 오늘을 지혜롭게 극복하며 환한 미소로 걸어가고 있을 것이다.

시원하고 달콤한 카라멜 마끼아또 커피를 한 잔 마신다. 숙명 같은 인연으로 만나 사랑과 믿음으로 연결된 끈을 이 세상 끝나는 날까지 놓지 않겠다고 다짐해 본다. 결혼의 시작점은 사랑이었고, 그 사랑의 끈을 잡고 있는 지금, 내 인생만을 위해 살 수는 없으니 어찌하겠는가. 오늘도 적당히 늦추고 당길 수밖에. 마음속으로나마 남편에게 사랑한다고 속삭여 본다. 그렇게 아무 일도 없었던 듯, 행복하게 열심히 살았다고 자부하며 또 하루를 마감한다.

- 주부로서의 일상을 보내면서 가장 힘든 순간은 언제인가요?
- 다 포기하고 싶어질 때 굳건하게 만드는 원동력은 무엇인가요?

〈 그리고 나 〉

02

늘 성장하라,
내 인생이니까

∨

● 제자리에 머물면 금세 도태된다

어떤 이는 노력을 해도 실패만 거듭한다고 투덜거린다. 또 어떤 이는 해보지도 않고 도전 자체를 포기한다. 또 어떤 이는 해봐도 안 풀리는 사람은 결국 안 될 것이라고 단정 짓기도 한다. 세상에는 참 다양한 사람들이 많은 것 같다. 나는 어느 쪽이냐면, 당연히 쉴 새 없이 새로운 도전을 하는 편이다.

나는 가끔씩 꼭 배울만한 교육이 있으면 모든 일을 제치고 워크숍으로 강연장으로 달려가곤 한다. 좋은 기회라 주위에 다른 사람들에게도 권유해 보기도 하지만, 흔쾌히 가겠다는 사람은 드물다. 오히려 "뭐가 부족해서 그렇게 열심히 살아?" 하는 타박인지 충고인지 모를 잔소리를 듣게 되는 경우가 더 많다.

사람마다 주어진 환경이나 생각이 다를 수밖에 없으니 '그러려니' 이해하려고 하지만, 솔직히 안타까울 때가 많다. 인생은 영원한 도전 아니겠는가. 인내와 고통의 한계를 넘어 봉우리에 올라가는 그 자체가 기쁨이 될 수도 있다는 걸 그들은 왜 모르는 걸까. 미리 겁먹고 주저하며 그대로 앉아버린다면 우리의 인생은 영원히 제자리걸음일 수밖에 없다. 산이 있어서 그냥 오르는 것이 아니라, 산 위에 올라 더 멀리 더 넓은 세상을 바라보려고 오르는 것처럼 우리는 인생을 좀 더 적극적으로 살아야 한다.

나는 시간을 낭비하는 것이 싫다. 시간은 돈이 아니라, 시간은 생명이라고 생각하기 때문이다. 많은 사람들은 시간이 흐르는 것이 곧 늙는 것이라고 생각한다. 늙을 수도 있지만 자랄 수도 있다. 성장은 어린아이만 하는 것이 아니다. 다 큰, 우리 같은 어른도 열심히 배우고 공부하면 얼마든지 성장할 수 있다. 제한된 시간 안에서 얼마나 성장하느냐, 그것은 전적으로 자기 자신에게 달려 있다.

자기와의 싸움에서 이기면 그 대가는 상상 이상의 결과를 얻을 수 있고, 자기 자신이 무척 아름답게 성장했음을 알 수 있다. 디지털 시대가 되면서 세상은 너무나 빨리 움직이며 변화한다. 그 변화에 따라가지 못하면 낙오하는 것이다. 귀찮아서 아무것도 못하고 있는 이들에게는 큰소리로 외치고 싶다.

"이젠 일어나서 눈을 크게 뜨고 이 넓은 세상을 바라보며, 끊임없이 도전하세요!"

당신이 전업주부라 하더라도 다르지 않다. 자기계발이란 반드시 직장인에게만 해당되는 것이 아니다. 주부도 얼마든지 성장할 수 있다. 많은 전업주부들이 스스로 '집에서 살림하고 애들 키우는 사람'으로 한계를 지어버리고는 그 안에서만 안주하다 매너리즘에 빠지곤 한다. 똑똑한 엄마, 현명한 아내가 되기 위해서는 주부도 끊임없이 성장해야 한다. 요즘 아이들은 정말 빨리 자란다. 아이가 크는 만큼 엄마도 함께 노력해서 자라지 않으면 어느 순간 저만치 앞선 아이의 뒷모습만 바라보게 될지도 모를 일이다.

키워 준 공도 모르고, 엄마를 무시한다고 한탄하는 주부들을 보면 안타까운 마음이 든다. 아이는 키워줘서 자란 게 아니고, 저절로 자란 것이다. 필요로 하는 양분을 주고, 지켜봐 주는 것은 엄마로서의 당연한 도리일 뿐, 성장은 스스로가 책임져야 하는 것이다. 아이와 함께 더불어 성장하는 엄마가 되어야 한다.

● 도전하라! 인생이 변할 것이다

오래전부터 같은 일에 종사하면서 알고 지내던 선배가 있다. 몇 해 전부터 강의를 해보고 싶다고 했다. 그 이후 만날 때마다 정원 10명도 안 되는 소규모 강의를 성공리에 마쳤다고 기뻐했었는데, 지금은 큰 강의를 몇 개 꽉 잡고 고정적으로 강의를 하고 있다.

사실, 이렇게 변화를 일궈낼 줄 아는 경우는 그리 흔치 않다. 아무리 내가 옆에서 자극이 되는 말을 해주고, 기회를 가져다 줘도 본인이 움직이지 않으면 그만이니까. 그럼에도 불구하고 내 주변 사람들에게 항상 '동기부여를 해라', '목표를 세우기만 해도 동기부여가 된다'며 잔소리 아닌 잔소리를 하곤 한다. 흔치는 않지만 자극을 받은 지인들이 목표를 세우고, 그 목표를 실행해 내는 것을 보면 큰 보람을 느끼기 때문이다.

성장과 성공은 다르다. 다른 누군가에게 인정받기 위해서, 혹은 경쟁에서 이기기 위해서 자기계발을 하는 것이 아니다. 그저 전보다 나은 내가 되기 위해서, 그리고 행복한 삶을 위해서 끊임없이 성장해야 하는 것이다. 그리고 이러한 성장은 절대 남을 꺾고 올라서는 게 아니기 때문에 더욱 많은 사람들과 좋은 영향을 주고받으면서 함께 걸어갈 수 있다는 장점이 있다.

지난 여름방학 때는 동료 교사들을 모아놓고, 이번에는 자격증을 따든 책을 읽든 여행을 가든 계획을 세우고 꼭 실행하길 바란다고 말했다. 그러면서 그동안 땄던 자격증에 대한 정보와 마라톤에 도전한 이야기들을 들려주며 동기부여를 할 수 있도록 도왔다. 내 이야기에 자극을 받았는지 몰라도 개학을 하고 다시 만난 교사들의 얼굴 표정은 사뭇 달라 보였다.

"선생님 말씀대로, 이번에 계속 생각만 하던 운전면허증을 드디어 땄어요. 생각만 하고, 피곤하다는 핑계로 미루어 왔었거든요. 따고 보니 이렇게 뿌듯할 수가 없네요."

"저는 친구들과 무전여행을 다녀왔어요. 여기저기 많이 돌아다녔는데 얼굴이 새카맣게 탄 것 같지 않아요?"

"모처럼 독서의 시간을 가졌답니다. 집에서 책만 읽었는데, 나름대로 휴식도 되고 힐링도 되는 시간이었어요."

나는 모두에게 '수고했다'고 힘주어 말했다. 다시 오지 않을 이 무더운 여름에 소중하고 귀한 시간들을 보내기 위해 애써준 그들에게 힘차게 '파이팅'을 외쳐 주었다.

어느 날 갑자기 꿈을 꾼다고 이룰 수 있는 것이 절대 아니다. 구체적으로 실현가능한 목표를 세우고, 그 목표를 위해 노력하고 또 노력해야 꿈을 이룰 수 있는 것이다.

몇 해 전부터 나를 위해 시간을 투자했다. 자격증 10개 취득을 목표로 틈틈이 시간을 내 공부를 시작한지 수개월 만에 10개의 자격증을 모두 취득할 수 있었다. 거기서 끝내기에는 뭔가 아쉬웠다. 조금만 더 도전해야지 하며 다시 목표를 수정하며 워드프로세서 1~3급, 마이크로 소프트 파워포인트, 아웃룩, 워드, 엑셀을 비롯한 오피스 프로그램은 물론, 한식조리기능사, 가베지도자 1급, 체육치료사, 특수치료사, 언어치료사, 놀이치료사, 심리상담사, 노인복지사, 평생교육사, 사회복지사 등 닥치는 대로 자격증을 땄다. 그 결과 지금 나는 50여 개의 자격증을 가지고 있다.

자격증이 인생을 바꾸어 주진 않았다. 다만, 인생의 아주 작은 부분을 빛나게 해주었을 뿐이다. 할 수 있다는 자신감, 아직 내가 건재하다는 자부심. 하지만 그것은 나에게 큰 변화를 주었고, 행복한 삶을 만들어 가는 계기를 만들어 주었다. 나의 한계를 뛰어넘어 더 큰 목표를 향해 도전할 수 있는 열정과 에너지를 얻었고, 어떠한 상황에서도 두려움을 떨쳐버리고 극복할 수 있게 되었다.

우리는 가끔 죽음의 문턱을 다녀온 사람이 살아있다는 것만으로도 감사해하며 행복한 삶을 영위해 나가는 것을 본다. 극한의 고통과 절망 혹은 슬픔들은 간혹 인생의 전환점이 된다는 것을 잊지 말자. 온통 지독한 염증으로 지쳐 있다면 또는 조용하고 무료한 파장 속에서 살아가고 있다면 과감히 거센 파도의 파장에 몸을 던져보는 것은 어떨까. 신나게 파도를 타고 나면 정말 멋진 인생이 나를 반겨줄 거라는 확신을 가져도 좋다.

꿈이 거창할 필요는 없다. 작은 소망과 희망사항이라도 확실하고 구체적으로 세워 꼭 실현하기를 바란다. 그 꿈은 오로지 당신만의 꿈이길 바란다. 그 꿈이 당신에게 새로운 희망이 되어 또 다른 선물을 안겨줄 것이다.

♥ open one's mind

· 여러분들이 도전하고 싶은 일은 무엇인가요?
· 나의 도전에 도움이 되어줄 분이 있다면 누구일까요?

< 그리고 나 >

03
내가 만나는 사람, 그리고 사랑하는 사람

⌄

○ 당신은 어떤 사람을 만나고 있는가?

'당신에게 가장 중요한 때는 현재이고, 당신에게 가장 중요한 일은 지금 하고 있는 일이며, 당신에게 가장 소중한 사람은 지금 만나고 있는 사람이다.'

러시아의 대문호, 톨스토이가 한 이 명언은 항상 많은 생각을 하게 한다. 과연 내가 만나는 사람은 어떤 사람일까? 나를 자극하게 해주고, 꿈을 꾸게 해주는 사람일까, 혹은 서로의 감정 쓰레기통이 되어 시간만 허비하게 하는 사람일까. 한번 생각해 볼 일이다.

몇 해 전 나는 서울대학교 국제대학원 GLP과정에 입학했다. 여러 가지 이유가 있었지만 무엇보다 가장 궁금했던 것은 서울대에 다니는 사람들에 대한 호기심이었다. 아무래도 성공한 사람들이 많을 테고, 그들의 마인드가 궁금했다. 또 성공한 사람들과 가까이 지내며 대화를 나누다보면, 배울 수 있는 것이 많으리라는 기대도 있었다.

실제로 서울대학교 캠퍼스를 오가며 강의실에서 식당에서 많은 이들을 만났다. 그들로부터 내가 배울 수 있었던 것은 성공 노하우도, 돈을 많이 버는 법도 아니었다. 그것은 남을 배려하는 법이었다. 그래서 한동안 '배려해주면 성공하는가, 아니면 성공했기 때문에 배려하는가'에 대하여 심각하게 생각해 보기도 했다. 곰곰이 생각한 끝에 내린 결론은 이랬다. 그들은 남에게 인정받기 위해 배려를 해주는 것이 아니라, 배려가 몸에 배어있다는 것! 그것은 그들이 속한 사회의 수준을 보여주는 것이라는 생각이 들었다. 서로 에티켓을 지키고, 개인의 존엄성을 존중하는 사회. 그런 커뮤니티 속에서 뛰어난 인재가 나오는 것은 어찌 보면 당연한 일이리라.

또한 상대방에게 배려를 받으니 기분이 좋아지고 마음이 여유로워지는 것을 느낄 수 있었다. 당시 불평불만만 늘어가며 무료함을 느끼던 시기였기에 그러한 모습들은 신선한 충격이었다. '그래, 나도 부정적인 생각과 말을 멈추고, 긍정적인 마음으로 상대를 배려하며 살아야겠구나'라는 생각을 하게 되었다. 서울대에서 부부관계의 해법을 찾았으니 이 세상에 진리란 어디에서 찾을지 모르는 일이다.

《성공하는 사람들의 7가지 습관》이라는 책에서도 보면, 대인관계의 중요성을 강조한 부분이 있다. 소위 '상호의존의 패러다임'이라고 하는 것을 받아들여야 한다는 것이다. 혼자만 잘해서는 결코 성공에 이를 수 없다. 아무리 잘난 사람이라도 주위 사람에게 영향을 받을 수밖에 없고, 마찬가지로 자신도 주변에 어떠한 영향을 주어야만 성공할 수 있다는 것이다. 당연히 좋은 영향을 주고받아야 성공에 더욱 가까워지는 법이다.

문득, 나는 내 주변의 사람들과 어떤 영향력을 주고받고 있는지 곰곰이 생각해 보게 되었다. 가까이는 내 남편과 아이들부터 직장에서의 동료들, 사회 속에서 만나는 사람들. 그들을 만날 때 행복과 만족을 느끼는가. 혹은 내가 그들에게 행복을 주었는가. 반성이 되는 부분도 있고, 나름대로 자부심을 갖게 되는 부분도 있었다.

반드시 성공하기 위해서가 아니라 단순히 그들에게 내가 '좋은 사람'으로 기억될 수 있다면 그것만으로도 참 기쁜 일이라는 생각이 들었다. 무엇보다도 가족들에게 그런 사람으로 인식되어야 할 것이다.

● 마음을 표현하는 일이 중요하다

밖에서는 더없는 호인으로 인정받는 사람이라도 집에서는 180도 다른 모습으로 말과 행동이 달라지는 경우가 많다. 가까운 사람일수록 더 잘해야 하는데, 지나치게 편한 나머지 예의에 어긋나게 행동하는 것이다.

이 때문에 벼랑 끝에 선 부부가 얼마나 많은가. 그들이 조금만 더 상대를 이해하려 노력하고 배려하는 마음을 가졌어도 그 위험한 선까지는 가지 않았을 것이다. 가까울수록 자신의 감정을 제대로 컨트롤 하며 표현해야 한다. 좋아하고 사랑하는 마음을 표현하는 것은 가족관계를 포함한 대인관계에 커다란 역할을 하기 때문이다.

인생은 그냥 물 흐르듯, 제멋대로 흘러가게 내버려두면 잘못될 수 있다. 부정적인 감정을 내려놓고, 좋아한다고, 사랑한다고 표현해 보자.

친구로부터 정말 기분 좋은 선물을 받은 적이 있다. 내가 우울할 때면 항상 찾는 친구인데 나에게 늘 진심 어린 충고와 위로를 해준다. "넌 잘할 수 있을 거야. 난 너를 믿어!"라고 격려해주는 그 친구를 만나면 밥을 먹어도 늘 편안하고 즐겁다. 2~3시간을 이야기해도 헤어지기 싫을 정도다. 얼마 전에도 오랜만에 만나 수다를 떨었다. 그날, 멋진 머리핀과 하트가 그려진 카드를 받았다.

친구야!

무슨 일이 일어날지 한 치 앞도 모르고 살아가는 나의 삶이 이제는 두렵지가 않구나. '아무리 힘들어도 길은 열리게 되고 문제는 해결되게 되어 있다'는 너의 이야기에 얼마나 힘이 되는 줄 모르겠어. 일만 하느라 들녘에 핀 꽃조차 못 보며 살았는데 이제는 '진짜 예쁘고 아름답다'라는 말을 할 수 있는 여유가 생겼네. 좋은 친구가 옆에 있다는 것이 얼마나 기쁘고 감사한지 모르겠네. 무진장 좋아해. 그리고 무진장 사랑해.

  잠시 멍해 있었다. 내가 더 많이 좋아하는 친구로만 여겼는데 이렇게 가슴 찡한 카드를 선물 받다니 정말 묘한 기분이었다. 그 일이 있은 뒤 우리는 더 없는 친한 친구가 되었다. 이처럼 상대에 대한 섬세한 배려와 칭찬은 마음을 움직이게 만든다. 친구 사이에도 이처럼 솔직하게 감정 표현을 하기가 쉽지 않은데, 하물며 가족은 어떤가.
  내 남편에게 그리고 아이들에게 진심을 표현한 것이 언제였는지 한번 생각해본다. 세상에서 누구보다 당신을 아낀다고, 가끔 잔소리를 하기는 하지만 모두 당신이 진심으로 염려되어 하는 말이라고 터놓고 얘기한 적이 별로 없었던 것 같다. 아이들에게도 마찬가지다. 교육이라는 명목으로 매일매일 해야 할 일과 하지 말아야 할 일만을 강조했을 뿐, 엄마가 얼마나 사랑하는지, 아이들이 얼마나 큰 기쁨을 주는지 표현에는 인색했던 것이다.

    따뜻한 손길과 사랑을 원하지 않는 사람은 없다. 사랑받고 인정받고 있다고 생각하면, 기분이 좋아지면서 상대를 위해 무엇인가 해주고 싶은 마음이 들곤 한다. 전업맘의 경우 아이와 남편을 위해 헌신하고 최선을 다해야 한다는 마음 한편에 허무함이 커서 자신의 존재감을 못 느낄 수 있다. 내 편이 있어서 공감해주고 호응해 준다면 어떨까? 금세 불끈불끈 힘이 쏟아날 것이다.

    아이도 남편도 시댁식구도 배척하지 말고 모두 내편으로 만들자. 상황은 분명 달라질 것이다. 가족들에게 사랑한다고, 아낀다고, 내게 소중한 사람이라고 말해보자. 하루하루가 즐겁고 웃음이 넘치는 가정이 될 것이다.

♥ open one's mind

- 당신에게 가장 소중한 사람은 누구인가요?
- 만약 소중한 사람이 사라진다면, 어떤 기분이 들 것 같나요?

< 그리고 나 >

04

나만의 스타일을 구축하고, 전문가가 되어라

∨

● 나만의 컬러를 찾아야 할 나이

위기를 극복하고 성공한 이들을 보면 자기만의 스타일이 있다. 남들처럼 똑같은 스타일로 승부를 보려면 낙타가 바늘구멍 사이로 들어가기만큼 어렵다. 결국 브랜드파워가 있어야 살아남을 수 있는데, 이를 위해서는 희소가치와 독창성이 있어야 한다. 조급한 마음으로 급하게 시작하는 것이 아닌 제대로 준비하고 시작해야 성공할 수 있다.

어떤 사람이 새로운 일을 시작한다고 가정해보자. 많은 사람들에게 자신의 의견을 관철시키고, 생존하기 위해서는 자신만의 승부수가 필요하다.

노력해서 안 되는 일 없고, 일단 저지르고 보면 길이 생긴다며 무작정 새로운 일에 뛰어드는 사람이 있다. 하지만 열심히 노력한다고 또는 능력만 있다고 잘되는 것이 아니다. 자신의 능력을 객관적으로 평가조차 못하면서 남들처럼 하면 되는 줄 아는 경우가 그렇다.

자신의 강점을 전략화하고, 타인에게 검증을 받아볼 필요가 있다. 남이 잘 되는 것에 욕심을 부리고 준비도 없이 무작정 시작한다면 결코 성공하기 어려운 세상이다. 어떤 일이든 목표를 가지고 계획을 철저히 잡아 방향을 세워 나가야 하며 남다른 열정을 가지고 최고가 될 수 있는 일이여야 한다. 돈이 많다고 무조건 성공할 수 있는 것이 아니며, 되고 싶은 것을 시작하는 것이 아니라 될 수 있는 것을 꾸준히 일관성 있게 가는 과정이 필요하다. 자신의 개성과 성격, 장점과 단점 등을 제대로 파악해야 시작해서 살아남는 것이다.

(주)카카오톡 홍보이사로 유명한 박용후 씨가 좋은 사례가 될 수 있다. 그는 무려 13개의 명함을 가지고 있는 1인 기업가이다. 기자, 편집장 출신으로 기업홍보 분야에서 커리어를 쌓아나가던 그는 남과는 다른 자신만의 이름이 필요하다고 생각했다. 자신을 표현할 만한 적

절한 단어가 없을까 고민하던 그는 스스로를 '관점 디자이너'라고 칭했다. 어떤 브랜드나 상품에 대한 사람들의 관점을 바꿔나가는 사람이라는 뜻이다. 더 나아가 세상을 좀 더 창의적으로 즐겁게 살 수 있도록 도와주는 일을 하고 싶다는 바람도 담고 있다.

그가 항상 같은 자리에서 만족했다면, 한 달에 월급을 열세 번이나 받는 전문가로 성공하기는 힘들었을 것이다. 세상을 정확하게 읽는 눈과 소통에 능한 자신의 능력을 백배 발휘해 새로운 직업을 창출할 정도로 전문성을 쌓은 것이다.

이처럼 세상의 트렌드를 읽을 줄 알아야 한다. 남들과 똑같은 방법으로 이미 있는 것을 시작하려 하지 말고, 남이 아직 하지 않는 것, 남들과 조금은 다른 시작이 성공을 만든다.

부자가 되고 싶다면 일단 작게 시작하여 조금씩 넓혀나가고, 홈그라운드에서 시작하는 것이 효율성이 높다. 최선을 다했다고 하지만 결국 실패한 사람과 뭔가 특별하게 성공한 사람과의 차이는 무척 큰 것이다. 나만의 스타일이 있어야 영원히 생존하며 성장의 원동력이 될 수 있다는 것을 명심하며 시작하라.

꾸준히 능력을 키우고 자신의 가치를 높이는 자에게 기회는 온다. 아주 작은 것을 성취하면서 자신감도 얻고, 시행착오를 겪어야 트렌드에 맞는 기회가 나에게 찾아와 준다. 다른 사람보다 몇 십 배의 노력을 해야 생존력이 강해지며 능력이 무엇인가를 알게 된다. 만약 일을 시작하겠다고 마음먹었으면 실패까지 염두하고 계획할 줄 알아야 하며, 꾸준한 거북이 전략이 필요하다.

● 쓰라린 실패를 겪지 않으려면

사업에 대해서는 평생 생각지도 못하던 사람이 다른 사람들의 성공담을 듣고 막연하게 준비도 없이 시작하는 경우가 많다. 퇴직을 한 후 그동안 평생 모은 재산을 가지고 새로운 일에 뛰어든다. 경험도 없으면서 공부도 하지 않고, 시장성도 조사하지 않고 '그냥 되겠지' 하는 막연한 생각으로 시작하는 것이다.

그런 대로 살만한 지인이 있다. 남편은 중소기업을 오래도록 다녀 임원이 되어 먹고사는 데는 어려움이 없었다. 그동안 돈을 모으면서 집도 마련했고, 퇴직을 하더라도 퇴직금이 꽤 된다고 '이제는 고생 끝'이라고 노래 부르던 그녀였다.

그러던 어느 날, 작은 가게를 인수했다며 개업식에 초대를 했다.

축하하는 마음으로 들렀더니, 아파트 앞 상가 코너에 분식점을 차린 것이었다. 인테리어에 많은 투자를 했는지 깔끔하고 괜찮아 보였다. 새로운 시작을 진심으로 축하하며 서양난을 전달하고 돌아왔다. 그런데 3년이 지난 어느 날, 우연히 그 가게에 다시 찾아가게 되었다. 별 소식이 없어 잘 운영이 되고 있다고 생각했는데 현실이 녹록치 않은 모양이었다. 가게는 거의 운영을 안 한 모양으로 왠지 썰렁해 보였고, 일하던 사람도 보이지 않아 무슨 일이 있었는지를 물어 보았더니 침울한 목소리로 말을 꺼냈다.

"나 이 가게 이제 곧 문 닫아야 할 것 같아. 그동안 어떻게든 해 보려고 했는데……."

잠시 말을 멈추고 물을 마시며 다시 말을 이었다.

"처음 두세 달은 그런 대로 할만 했어. 그런데 월세랑 주방아줌마 월급 주고 하면 내 인건비는 고사하고 식자재 값도 못 갚게 되는 거야. 그래서 시작이니까 그러겠지 하면서 남편이 주는 생활비로 모자라는 것을 겨우 메꾸었는데 그래도 점점 힘들어지는 거야. 그래서 운영비가 너무 없이 시작했나 보다 생각하고 집을 담보로 하고 대출을 받아서 운영을 했어. 산 넘어 산이라고 대출을 갚아나가기는커녕 자꾸 적자만 쌓이니 이제는 결국 가게 문을 닫아야 하나봐."

자칫하면 거리에 나앉을 형편이라며, 그녀는 결국 눈물까지 글썽였다. 가게 권리금과 보증금 모두 대출받아서 들어왔는데 그 대출 상환기한도 코앞이라 결국 집을 팔고 다시 전세로 옮겨야 하는 상황이었다.

"그래도 남편이 이해해주니 그나마 얼마나 감사한지 모르겠어. 얼마나 고생해서 돈을 모아 마련한 집인데 결국 나 때문에 집도 날아가고 빚더미 위에 올라앉게 되었네. 이제 곧 정리하고 어디 멀리 가서 몸 좀 추스르고 올까 해."

결국 그녀는 눈물을 흘리며 가게 시작한 것을 후회했다. 처음 시작할 때만 해도 평생 모아둔 여유자금으로 '노느니 일하자'라는 생각으로 유유자적 시작한 사업이었다. 작은 사업이라도 이렇게 아무런 준비 없이 시작하게 되면 성공하기가 어렵다. 성공은커녕, 실패의 타격이 부메랑처럼 돌아온다.

적어도 무엇을 하고 싶다는 생각이 강렬하게 든다면, 그 분야에서 적어도 반년은 일하면서 실력을 갈고 닦아야 한다. 그리고 시장을 철저히 조사하고, 나만의 독특한 스타일을 만들어 시작하는 것이 중요하다.

사람은 모두 다르다. 남이 성공한 비결을 가지고 나도 똑같이 성공할 수 있으리라는 기대는 애초부터 접는 것이 낫다. 내가 남들과 어떻게 다른지, 장점과 단점은 무엇이고, 어떤 점을 발전시켜 나가야 하는지 생각해보면 나만의 색깔을 찾을 수 있을 것이다.

♥ open one's mind

- 일이나 사업하기를 원하시나요?
- 언제부터, 어떤 일을 꿈꾸시나요?

〈 그리고 나 〉

05

매력으로 세상과 승부하라

⌄

○ 당신은 매력 있는 여자인가?

앞으로는 매력시대다. 소녀시대도 울고 갈만한 슈퍼 동안, 꿀 피부 보유자가 아닌 이상 매력으로 자신을 어필해야 한다. 사회생활은 물론 가정에서 아내로서 엄마로서도 매력이 있어야 한다. 그 매력이 결국 삶을 윤택하게 만들어 주는 행복 기제가 되기 때문이다.

자신의 가치를 높이는 매력이 있다면 타인의 인정을 받고, 사회적으로도 좋은 대인관계를 유지해 나갈 수 있다. 특히 여자의 매력은 생각보다 훨씬 큰 가치를 가져서 좋은 사람을 만나고 인맥을 형성해 나가는데 큰 도움이 된다. 자연히 삶의 질이 향상된다.

　매력 있는 여자를 만나면 기분이 좋아지고 더 오래 만나고 싶어진다. 그녀들은 늘 친구나 이성, 비즈니스 상대를 만나도 항상 긍정적인 이미지를 준다. 태도나 자세도 당당하며 처세술이 능통하다. 그들은 재킷에 청바지를 입고 있어도 스타일리시해 보인다. 미인은 아니지만 자꾸 눈길이 가고 마음이 끌린다. 대부분 자기만의 개성을 살린 화장, 헤어스타일, 걸음걸이, 언행 등으로 매력을 발산하는 그녀들은 분위기 또한 우아하고 자연스럽다.

　굉장한 미인이지만 말이 통하지 않는다거나, 구부정한 자세에 우울한 눈빛을 하고 있다면 과연 그녀에게 매력을 느낄 수 있을까? 아무리 외모 지상주의 시대라고 해도 상대방을 사로잡는 매력은 내면에서 우러나오는 법이다. 그렇다면 매력 있는 여자로 살아가기 위해서는 어떤 노력을 해야 할까.

　내 아이디는 '매력덩어리'이다. 어떻게든 매력을 발산하고 싶은 욕심에 아이디라도 그렇게 만들어서 스스로를 세뇌시키고 있다. 그래서 간혹 나를 온라인으로만 알던 사람이 나를 만나면 어떤 매력이 있나 하고 유심히 쳐다보는 경우가 많다. 그래도 나는 기죽지 않고 내적 매력이 남다르다는 것을 강조하곤 한다. 나의 내적 매력은 '꿈을 향한 노력과 열정'이다.

그런데 아이러니하게도 내적 매력만 과시하던 내가 몇 해가 지나니 외적 매력으로도 표출되었나 보다. 내 눈이 반짝인다는 사람도 있고, 남다른 열정을 가진 내가 멋있어 보인다는 사람도 있다. 게다가 요즘은 예쁘다는 말도 자주 듣게 되니 얼마나 우스운 일인가 싶다.

목소리는 또 어떤가. 사람들은 항상 내게 무슨 좋은 일이 있느냐고 묻는다. 순간 '오늘 내가 무슨 좋은 일이 있었나?'라고 생각해 보지만, 별반 좋거나 기쁜 일이 있는 건 아니다. 그러면 나는 "이렇게 당신을 만나고 있으니 행복하고 좋지"라고 대답해 주곤 한다.

나 역시 그리 매력적으로 보일 만한 것이라고는 아무것도 없었고, 시작은 단지 노력과 열정뿐이었다. 하지만 사람들은 그것만으로도 성공했다고 말한다. 그래서 아직까지는 비싼 옷을 입지 않아도, 머리를 노란고무줄로 질끈 묶고 다녀도, 보라색 아이섀도를 바른 날도 누구를 만나든 당당하게 나를 어필할 수 있다.

이 모든 것은 자기 세뇌에서 시작되었다. 스스로를 매력덩어리로 인식해야 남에게도 그렇게 어필할 수 있기 때문이다. 그런데 세상에는 자기 자신을 창피해하고 부끄러워하는 사람이 더 많은 것 같다. 뚱뚱해 보일까 봐 검은색 옷만 찾아 입고, 모임에 나가서도 적극적으로 자신을 뽐내기는커녕 조용히 자리만 지키고 있는 주부들을 가끔 본다. 그 안에 숨은 보석과 같은 매력 요소들을 왜 발견하지 못할까. 내가 먼저 찾아 꺼내어주고 싶은 심정이다.

　이 세상에는 돈만 있으면 뭐든지 만드는 세상인데 매력도 그 한 부분 아니겠냐고 반문하는 여자도 있을 것이다. 처음 만나면 가방과 옷 때문에 주눅들 수 있겠지만, 몇 번의 만남 후에는 명품병에 걸려 있는 여자보다 내가 훨씬 가치 있다는 것을 상대는 깨닫게 될 것이다. 돈으로 매력을 살 수 있다는 것은 오산이다.

　나는 몇 해 전부터 입꼬리를 올리는 연습을 많이 한다. 부자와 성공한 사람들의 입꼬리는 올라가 있다는 이야기를 듣고 시작한 일이다. 또한 입꼬리가 올라간 사람들을 찾아서 자세히 보면 왠지 지적으로 보이기도 하고, 늘 환하게 웃는 모습이 정말 멋있어 보여 그 뒤로도 가끔 연습을 했다.

　언제부턴가 매력 있는 여자의 퍼스널 아이덴티티를 찾아 노력하고 있는 것이다. 나만의 컬러와 스타일, 표정과 미소, 매력적인 몸짓, 목소리의 억양과 톤 등 개성을 살려 매력을 발산하기 위해서.

● 나의 매력지수 체크리스트

　아직도 자신의 매력을 찾지 못한 주부들이여, 스스로를 진흙 속의 진주라고 생각해보면 어떨까. 더러운 진흙에 가려져 있지만 진주는 진주다. 보석과 같은 매력을 갈고 닦지 않는 것은 자기 자신에 대한 죄다. 아래 체크리스트를 통해 본인이 가지고 있는 매력지수를 확인해보고, 이를 어필하기 위해 어떤 노력을 하면 좋을지 생각해보는 건 어떨까?

내적 매력지수 체크 (1문항당 1점)

- [ ] 성실하다
- [ ] 정직하다
- [ ] 열정적이다
- [ ] 긍정적이고 적극적이다
- [ ] 성품이 따뜻하고 남에게 친절하다
- [ ] 약속을 잘 지키고 신뢰를 중요하게 여긴다
- [ ] 무력감과 우울증에서 빨리 벗어난다
- [ ] 책 읽기를 좋아하고, 늘 배우고 자기계발을 한다
- [ ] 음악, 미술, 영화 등 예술을 좋아한다
- [ ] 사람들과의 소통이 즐겁다

외적 매력지수 체크 (1문항당 1점)

- [ ] 표정이 밝고 부드럽다
- [ ] 발음이 정확하고 목소리가 좋은 편이다
- [ ] 자신을 가장 매력적으로 보이게 하는 화장을 할 수 있다
- [ ] 자신의 얼굴에 가장 잘 어울리는 헤어스타일을 하고 있다
- [ ] 자신의 피부색에 가장 잘 어울리는 컬러를 알고 있다
- [ ] 자신을 가장 멋지게 연출해주는 패션 스타일을 알고 있다
- [ ] 때와 장소에 맞는 옷을 입을 줄 안다
- [ ] 주변 사람들로부터 매너가 좋다는 말을 듣는다
- [ ] 자세와 걸음걸이가 반듯하고 당당하다
- [ ] 체중이 늘면 곧바로 다이어트를 한다

- 20점

당신은 매력 만점의 여자이다. 이 세상의 모든 남성들이 반하고 말 것이다.

- 15~19점

당신은 충분히 매력 있는 여자이다. 하지만 한두 가지 부족한 단점을 가지고 있다.

- 10~14점

당신은 매력적이지만 항상 매력적이진 않다는 것을 기억하라.

- 5~9점

당신은 매력 없는 여자이다. 자신감을 가지고 매력을 발산시켜 보도록 하자.

- 0~4점

당신은 매력 없는 여자이다. 매력을 꽁꽁 숨기고 살아가는 당신! 자기계발에 힘쓰고, 자신감을 갖는 것에서부터 시작하라.

- 당신의 매력지수는 몇 점인가요?
- 당신의 매력은 어디에 있다고 생각하나요?

〈 그리고 나 〉

06
성공한 여자 옆에 성공한 여자가 있다

○ 불평불만 많던 그녀가 변한 이유

"도대체 넌 어디서 그렇게 열정이 나오니? 아내 노릇, 엄마 노릇하느라 바빠서 도저히 시간이 없던데……. 난 꿈을 접은 지 오래야. 하루 24시간을 모두 쪼개서 써도 모자랄 판인데 어떻게 해야 나한테까지 투자할 시간이 나지?"

늘 나를 부러워하면서도 동동거리며 바쁘게 사는 모습을 보며 '왜 그렇게 사는지 모른다'며 의아해하던 친구였다. 아름다운 외모와 좋은 커리어를 지닌 멋진 아가씨였던 친구는 결혼하자마자 사표를 내고 전업주부가 되었다. 그 친구를 만날 때마다 항상 능력이 아깝다며 무엇이든 다시 시작하라고 이야기하곤 했다.

내 잔소리에 영향을 받은 것인지 몰라도 언제부터가 그녀가 점점 변하기 시작했다. 전공분야 공부를 다시 시작하더니 대안학교에 시간 제로 나가 강의를 하기로 결정한 것이다. 아주 오랜만에 의욕으로 가득찬 그녀를 본 게 얼마만인지 기쁜 마음으로 응원해 주었다.

그러던 중 오랜만에 전화가 다시 왔다.

"나 오늘 또 새로운 강의에 나가게 됐어. 대안학교에서 평생교육원을 소개해줘서 제안서를 가지고 오늘 만났는데 바로 강의를 해달라고 하는 것 있지? 강사료도 지금의 2배야. 이 기쁨을 너에게 제일 먼저 알려주고 싶었어. 정말 요즘은 이 일을 시작하지 않았으면 어땠을까 생각하면 아찔할 정도야. 너에게 자극받고 동기부여가 되어 시작한 일이었거든. 정말 고마워. 집에 와서 손가락 까딱 안 하던 신랑이 요즘은 집안일도 도와주고, 아이들 숙제도 봐주는데 중요한 건 적극적으로 지지해준다는 거야. 너의 힘이 제일 커. 언제 한번 비싼 밥 한 끼 살게."

그렇게 들뜬 목소리로 이야기를 쏟아내고는 바쁘다며 전화를 끊었다.

나이를 먹으면서 성숙해지는 것처럼 꿈도 성장해 나가야 한다. 하나의 꿈이 이루어지면, 그 다음 단계의 꿈을 이루기 위해 도전을 시작하는 것이다. 잘할 수 있다는 긍정적인 생각을 가지는 그 자체가 도전이다. 한 단계 한 단계씩 발전해 나가면 된다.

그녀에게 자꾸만 잔소리를 했던 건 전업주부였기 때문만은 아니다. 현실에 불만족하면서 그 탓을 자꾸만 남편에게로, 아이에게로 돌리는 모습이 안타까웠기 때문이다. 최선을 다해 시도해보고 안 되면 그때 가서 불평을 해도 늦지 않다. 행동하지는 않으면서 '시간이 없네, 바쁘네'라고 말만 하는 것은 아무 의미도 없다.

현대인들은 아등바등 살아간다. 하지만 고통을 인내하며 웃을 수 있는 것은 꿈이 있기 때문이리라. 나는 TV 프로그램 중 다큐멘터리를 좋아하는데, 특히 성공한 사람들의 이야기를 무척 좋아한다. 부지런히 메모도 하고, 귀를 쫑긋 세우고 몰입한다. 모르는 분야에 흥미를 가질 수 있을 뿐만 아니라 나태하고 무기력해지는 순간에 활력소가 되어주기 때문이다.

주변에 성공한 여자들이 있다면, 자주 만나고 이야기를 나누어라. 반드시 그녀들에게 노하우를 얻겠다는 욕심에서가 아니라, 자주 만나서 그들이 가지고 있는 가치관이나 일상 이야기를 공유하는 것만으로도 분명 긍정적인 자극이 되기 때문이다. 성공한 사람이 없다면 다큐멘터리나 책을 통해서라도 그들의 이야기를 보는 것은 도움이 된다. 중요한 것은 성공한 이들의 이야기를 기꺼이 받아들이고 변하겠다는 본인의 의지이다.

⊙ 누군가의 롤모델이 된다는 것

우물 안 개구리처럼 나만의 울타리 안에서 허우적거리다 보면, 딱 그만큼의 인생을 살게 된다. 되도록 세상 밖에 나가 사람들을 만나고 자극을 받는 것이 중요하다. 나 또한, 그런 사람들을 자주 만나곤 하는데 그들에게는 다른 사람이 가지고 있지 않는 꿈과 능력이 있다. 다양한 직업과 분야에서 성공한 사람들의 이야기를 들으면 산지식도 생겨나지만 무엇보다 그들의 역경 극복 스토리는 커다란 힘이 되는 것이다.

그래서 늘 성공한 사람들과의 인맥을 중요시 여긴다. 그들과 식사를 하면서 좋은 매너를 자연스럽게 익힐 수 있고, 나보다 더 많은 에너지와 열정이 넘치는 사람들을 만나면서 새로운 자극을 받을 수 있다. 또한 대화를 나누며 무지한 세계에서 탈출할 수 있고, 그들의 꿈을 들으며 가슴을 활활 타오르게 할 수 있으니 이보다 더 좋은 일이 어디 있겠는가.

성공하고 싶은 당신, 항상 옆에 성공한 롤모델을 두어라. 이것이 현실적으로 어렵다면, 나보다 조금이라도 더 성공한 여자를 옆에 두고 함께 수다를 떨어라.

우물쭈물하며 시작을 하지 못할 때, 롤모델은 나의 불씨가 된다. 시행착오를 최소화시켜주고, 판단이 흐려질 때 의논 상대가 되어 지름길을 알려주기도 한다. 성공한 사람은 심리적으로 선의의 경쟁자가 되어 나의 열정을 이끌어주기 때문에 더욱 소중하다. 내 친구가 변할 수 있었던 것도 어쩌면 나와 같은 성공한 친구들이 주위에서 수없이 많은 자극을 주었기 때문일 것이다. 자신의 적성과 능력을 다시 한 번 확인하고 새롭게 도전할 용기를 얻을 수 있었던 것이다.

그렇다고 꼭 일을 하고 돈을 벌어야 성공하는 것은 아닐 것이다. 자녀를 훌륭히 키우는 것도 성공일 수 있다. 자녀를 성공적으로 잘 키우고 싶다면, 자녀를 성공적으로 잘 키운 사람을 옆에 두고 수다를 떠는 것이다. 그리고 나처럼 유아교육기관에서 일하는 것을 꿈꾸며 성공하고 싶다면, 유치원교사나 원장을 옆에 두고 성공한 그들만의 노하우를 배우며 전문가가 되어야 할 것이다.

부를 성공이라고 생각하는 이도 있을 것이고, 지위나 명예를 성공이라고 생각하는 이도 있을 것이다. 어떤 이는 베풂이 진정한 성공이라고 생각할 수 있다. 따라서 내 꿈은 무엇인지, 그리고 그 꿈을 이루기 위해서 어떻게 해야 하는지 고민해 보는 것이 우선이다.

가장 기본적인 방법은 연구에 연구를 거듭하며 관련 책을 읽고, 많은 아이디어를 구상하고 나서 그 분야의 롤모델을 찾아 검증하는 것이다. 요즘에는 마음만 먹으면 롤모델의 메일주소를 알 수 있고, 블로그나 카페에 들어가 대화를 나눌 수도 있다. 그러면서 한명 한명씩 인맥을 쌓아나갈 수 있다.

매일 많은 독자들이 고민 상담을 해온다. 그들에게는 아무리 바쁘고 힘들어도 장문의 답장을 보내준다. 나의 철칙이다. 얼굴도 모르고 목소리 한번 들어보지 못했지만, 용기 내어 글을 쓴 그들에 대한 배려이고 의무이며 책임이기 때문이다. 자녀와의 문제, 남편이야기, 시댁이야기 등의 고민들을 상담가로서, 인생의 선배로서 상담을 나누면 서로 치유가 되는 느낌을 받는다.

인생을 바꾸고 싶다면, 누구를 롤모델로 삼을 것인가에 대해 질문을 던져보기 바란다. 그리고 나 스스로가 롤모델이 되기 위해 새로운 가능성을 찾고 끊임없이 노력하자. 그렇게 열심히 자기 분야에서 역량을 쌓아 올리다 보면 어느새 당신 역시 누군가의 롤모델이 되어 있을 것이다. 그것이야말로 진정한 의미의 성공이 아닐까.

- 당신은 성공을 무엇이라고 생각하십니까?
- 당신의 성공에 영향을 줄 수 있는 롤모델은 누구일까요?

< 그리고 나 >

07

무작정 달려온 당신, 자신의 길을 찾아라

∨

○ 성공의 의미가 달라지다

안주하면 편하다. 제자리에 머물면 평화롭다. 하지만 고인 물은 썩기 마련이다. 시대는 빠르게 변화하고 있는데 현실에 안주하면서 움직이지 않으면 결국 퇴보할 수밖에 없다.

자녀들에게 인생의 조력자이자 안내자가 되기 위해서는 트렌드를 읽을 수 있어야 하고, 사랑받는 아내가 되기 위해서는 남편이 하는 일에도 관심을 가지는 부지런함이 있어야 할 것이다. 또한 중요한 것은 그동안 내가 가장 잘한다고 생각하는 것을 찾아 믿음을 가지고 즐기는 것이다. 아무리 고민해도 잘하는 게 없다면 하고 싶었던 것을 찾아보는 것도 좋다. 평소 하고 싶었다는 것은 '그것에 관해 잠재적으로 능력이 있기 때문이다'라고 믿어라.

몇 해 전에 우연히 고등학교 성적증명서를 발급받을 일이 있었다. 성적표 내용이 바뀌었을리 만무하지만 느낌은 사뭇 달랐다. 성적표를 보니, 당시 어려서 보았을 때는 보이지 않던 것들이 보였다. 바로 나의 끼와 재능이다. 담임선생님의 코멘트와 장래희망란도 있어서 당시 내 꿈이 무엇이었는지, 나의 아이큐는 몇이었는지, 어느 과목을 유독 잘 했는지가 한눈에 보였다.

혹시 여러분들도 본인 스스로 잘할 수 있는 것이 무엇인지 모른다면, 지금 당장 가까운 중학교나 고등학교를 방문하여 성적증명서를 발급받아 보길 바란다. 거기에 힌트가 있을지 모르니까.

성적이 좋지 않아도 부끄러워할 필요가 없다. 나만 보면 되는 일이니까. 당시 '왜 성적이 좋지 않았는지 또는 이 과목은 공부를 안 했어도 어떻게 성적이 좋을 수 있었는지'를 생각하며 자신을 찾아보는 것이다. 만약에 '가'와 '양'이 대부분이고, 그중에 '미'가 있다면 희망 있는 재능이고, 혹여 '우'나 '수'가 한 개라도 있다면 그 분야에서 재능을 키워 최고가 될 수도 있는 것이다. 성적 중에 있는 '가'는 '나의 가장 취약한 부분이구나' 하는 것을 알고 인정해버리면 되는 것이다.

사람은 누구나 한 가지 재능을 가지고 있다고 한다. 미국 하버드 대학교 가드너 교수가 발표한 다중지능이론에 의하면, 지능에는 8가지나 되는 종류가 있어서 사람마다 발달 양상이 다르다고 한다. 가장 우월한 지능을 잘 살려 진로를 그쪽으로 삼으면 최고의 성공을 거둘 수 있다는 것이 그의 논리이다. 이를테면, 신체지능이 높은 사람은 운동선수가 될 수 있고, 대인지능이 높은 사람은 상담가나 사업가가 될 수도 있다. 논리수학지능이 높은 사람은 공부를 잘하니, 학문 쪽으로 나가면 좋다. 그런 식으로 본다면, 성공의 열쇠는 다른 누구도 아닌 자기 자신에게 있는 셈이다.

● 즐기는 자가 성공하는 이유

피겨여왕 김연아를 보라. 그녀는 신체지능과 더불어 자기성찰지능이 높은 인재다. 이를 알아본 부모의 헌신과 자신의 피나는 노력이 더해져 전 세계의 1인자가 될 수 있었다. 아사다 마오와 비교하며 라이벌의식을 자극하는 인터뷰가 많았지만 그녀는 항상 올곧게 '자기 자신과의 싸움'임을 강조했다. 아무리 잘하는 경쟁자가 있더라도 결국 세계를 제패했다는 것은 자신과의 싸움에서 이겼다는 것을 의미한다.

만약 누군가를 이기기 위해 연습했다면 결코 지금과 같은 눈부신 기록을 세우지는 못했으리라.

누구나 김연아와 같은 재능을 타고나는 것은 아니다. 그녀는 타고난 재능과 주변 환경이 제대로 맞아떨어진 경우다. 만약 그녀에게 재능이 없었다면, 이를 알아본 부모의 전폭적인 지원이 없었다면, 재능만 믿고 노력을 게을리했다면……. 이 중 어느 한 가지 조건이라도 충족되지 않았다면 우리에게 피겨 금메달은 여전히 다른 나라 이야기였을 것이다.

이처럼 눈부신 성공을 위해서는 여러 가지 조건이 맞아떨어져야 한다. 그중에서도 가장 중요한 것은 자기가 좋아하는 일을 찾고 여기에 매진할 수 있는 성실성이다. 누구나 자식이 원하지 않는 학과에 들어가 원하지 않는 직장에 취업하길 바라지 않는다. 그것은 평생 나와 맞지 않은 옷을 입고 있는 것과 마찬가지다. 불편하고 어색하기 짝이 없다. 더 심각한 문제는 불행해진다는 것이다. 어떠한 일을 선택하든지 자녀가 좋아하고 즐기는 일을 하기를 진심으로 원한다. 즐기는 자만이 행복하고, 결국 그 분야에서 최고가 되어 다른 누군가에게 도움을 줄 수 있기 때문이다.

따지고 보면 성공의 의미는 매우 주관적이어서, 아주 쉽게 성공할 수도, 평생을 노력해도 성공을 못 할 수도 있다. 그러나 세상에 '나에게 성공이란 ○○○다'라고 정의할 수 있는 사람이 몇이나 될까. 자기 자신에게 성공의 의미가 무엇인지 진지하게 생각해보고, 이를 위해 할 수 있는 일, 지금부터라도 좋아하는 일과의 연계성을 찾아봐야 할 것이다.

세상에 공짜는 없다. 만약 벼락 맞을 확률로 얻은 것이 있다면 그것은 쉽게 잃어버리고 만다. 새로운 일, 취미, 문화를 창조하기 위해서는 무슨 일을 못하겠는가. 진정 무엇을 잘할 수 있는가, 실현 가능한 꿈들은 어떤 것이며, 어떻게 계발해 나가야 할 것인가가 관건이다. 100세 시대에 열정적인 삶을 살고 싶다면, 여러 갈래의 길을 선택하여 걸어보는 수밖에 없다.

이제 우리나라도 국민소득 24,000달러 시대에 접어들었다. 이는 먹고사는 생존의 시대는 지났고, 매력과 개성으로 승부하는 시대가 열렸다는 의미다. 열심히 일해 번 것만큼 나를 위해서 또는 가족을 위해서 돈과 시간을 투자하며 즐겨야 한다. 남들은 무엇인가에 몰두하여 즐겁게 사는데, 혼자 할 줄 아는 것이 아무것도 없어 외롭게 방황하기 싫다면 말이다. 지금이라도 할 수 있는 몇 가지 운동을 즐기고, 음악과 미술 등 예술을 취미로 즐겨보는 건 어떨까.

성공한 사람들은 모두 뜨거운 가슴과 차가운 머리로 역경을 극복해냈다. 가정에서 자녀들과 남편에게 인정받고 싶거나, 회사에서 당신의 몸값을 올리고 싶다면 지금부터라도 잘할 수 있는 것을 찾아 즐기는 연습부터 해보자. 그 유명한 공자 말씀에도 있지 않던가.

知之者 不如好之者 好之者 不如樂之者
지지자 불여호지자 호지자 불여락지자

'아는 사람은 좋아하는 사람만 못하고, 좋아하는 사람은 즐기는 사람만 못하다'는 의미다. 일을 즐기게 되면 자연스럽게 몰입하게 되고, 이는 최고의 성과를 거둘 수 있는 지름길이다. 좋아하는 일을 위해 과감하게 모든 것을 투자해서 열심히 달리는 당신의 미래 모습을 꿈꾸자. 어느새 현실이 되어 있을 것이다.

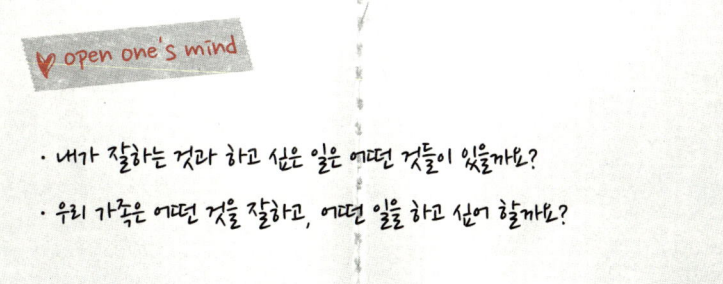

< 그리고 나 >

08

당장 긍정마인드로
성공다이어리를 써라

▼

● 다이어리로 성공의 방향을 정한다

많은 사람들이 성공을 원한다. 하지만 목적도 없고 방향도 없이 막연하기만 하다. 시도조차 하지 않고 변화를 만들지도 않으면서, 다른 누군가의 성공을 부러워하며 시샘을 하는 사람도 있다. 성공한 사람에게 성공에 대한 명쾌한 최상의 답을 요구하기도 한다.

성공하기 위해서는 나에게 맞는 성공비법을 알아내는 것이 우선이다. 우리나라 대표적인 연예기획사를 맡고 있는 박진영과 양현석의 라이프스타일은 너무나 다르다. 박진영은 꼼꼼하게 계획을 세우고 실천하며 규칙적으로 생활하는 스타일이고, 양현석은 선택과 집중을 통해 일하는 시간을 비교적 프리하게 운영하는 스타일이다. 만약 박진영이 양현석의 방식을, 양현석이 박진영의 방식을 고수했다면 즉, 자신에게 맞지 않은 방법으로 성공하려고 했다면 아마 둘 다 성공하지 못했을 것이다. 자신의 장점을 끌어낼 수 없고 효율성이 떨어지기 때문이다.

나에게도 성공비법을 물어오는 후배들이 많다. 한 분야에서 이미 성공을 이뤘고, 또 다른 분야로 끊임없이 도전해서 성취하고 있는 모습에서 동기부여를 받는다는 것이다. 그때마다 늘 얘기를 들려주지만, 후배들이 이를 그대로 따라한다고 해서 똑같은 성공을 거둘 수는 없다. 사람마다 처한 상황이나 타고난 성향이 다르니 같은 방법이 통할 리는 없다. 따라서 후배들에게도 항상 '자기 자신만의 방법'을 찾으라고 조언하곤 한다. 이를 일찌감치 깨달은 사람은 금방 성공의 길을 찾지만, 이를 깨닫지 못하고 계속해서 남을 따라하는 데만 급급한 사람은 늘 제자리걸음일 수밖에 없다.

그러나 이것 하나만큼은 누구에게 통용되는 진리라고 자부한다. 바로 '긍정마인드'를 가지는 것이다.

요즘 두산 기업 광고 슬로건 중에 '행복한 사람만큼 곁에 두고 싶은 사람은 없습니다'라는 문구가 있다. 당연한 말이다. 긍정마인드를 가진 사람을 누가 미워할 수 있으랴. 긍정마인드를 가지려면 긍정적으로 말하고 쓰는 연습이 필요하다.

가장 좋은 방법은 긍정마인드로 성공다이어리를 쓰는 것이다. 매년 새해가 되면 새로운 마음으로 다이어리를 구입하곤 한다. 나름대로 올 한해를 알차게 보내고 싶은 마음에 욕심내서 이런 저런 계획을 적어보기도 하면서 말이다. 작심삼일로 끝나는 경우도 있지만, 계획을 하나하나 적을 때만큼은 목표가 이뤄진 후의 모습을 상상하며 부푼 꿈에 설레기도 한다. 매년 업체로부터 다양한 다이어리를 선물로 받아 사용하고 있는데, 여러 권이다 보니 용도에 따라 분류해서 쓰기에 좋다. 이를테면, 색상을 정해 업무나 일상적인 메모를 하는 다이어리로 사용하고, 또 한 권은 성공다이어리로 요긴하게 사용한다.

사실 몇 년 전만 해도 다이어리들은 책장 한구석에 꽂아주는 애물단지였지만, 지금은 나에게 일상에서 없어서는 안 될 필수품이다. 성공다이어리에 큰 목표와 작은 목표를 세우고 꼼꼼하게 실행한다. 처음 시도해보는 사람에게는 다이어리를 효과적으로 활용하기가 쉽지는 않겠지만, 좋은 습관을 만들면 그 자체가 삶을 변화시키는 묘한 힘이 된다. 다이어리 활용에 위기가 있더라도 포기하지 말고 꾸준히 정리해 나간다면 분명 성공도 따라올 수 있다는 것을 알게 될 것이다.

⭕ 다이어리로 성공에 한 걸음 다가서자

다이어리를 잘 활용하는 방법을 알아보자.《성공하는 사람들의 다이어리 활용법》의 저자 니시무라 아키라는 다이어리를 활용하는 이유를 시간관리와 정보관리, 인맥관리 3가지의 용도로 구분한다. 그는 다이어리 활용법에서 꼭 필요한 것은 포스트잇이라고 말한다. 그는 화장실에 갈 때도 반드시 포스트잇과 볼펜을 가지고 다니며, 무조건 생각나는 것들을 포스트잇에 기록한다고 한다. 인간은 하루 평균 5000~20000번의 생각을 하는데, 대부분은 스쳐지나간다고 한다. 이를 놓치지 않고 적어 놓으면 장기기억으로 전환된다. 즉, 중요한 것을 놓치지 않고 기록하고 관리하기 위해 다이어리에 붙인다는 것이다.

또 할 일과 유용한 정보를 포스트잇에 메모해서 다이어리에 붙여 관리하기도 한다. 작은 사이즈의 포스트잇을 이용해서 왼쪽 줄에는 오늘 할 일, 오른쪽에는 이번 주까지 할 일을 붙이는데 그 이유는 필요에 따라 옮겨 붙이는 장점이 있기 때문이라고 한다. 예를 들어 도서관을 오늘 가기로 했는데 일정이 바뀌어 내일로 연기한다면 다음날로 쉽게 포스트잇을 옮겨 붙이면 된다는 것이다.

그는 "예정 일정은 연필로, 확정된 일정은 볼펜으로, 잘한 일은 파란색 펜으로, 잘못한 일은 붉은색 펜 등으로 메모를 구분하여 일을 체크하고, 변동이 생기면 이동하고 삭제한다. 처음에는 일일이 적고 관리하는 것이 귀찮기도 했지만, 끈기를 가지고 실천한 결과는 놀라웠다"고 했다. 또한 "해야 할 일과 이미 한 일 등이 정확하게 분류되면서 시간관리가 용이해졌다. 뿐만 아니라 가치 있는 일에 더 많은 투자를 하게 되고, 깜박하게 되는 일도 훨씬 적어졌다. 나의 수많은 목표에 더욱 가까이 다가서게 된 것은 물론이다"라고 말한다.

누군가는 '말한 대로 이룬다'고 하고, 누군가는 '꿈은 꾸는 대로 이루어진다'고 하기도 한다. 여기서 말하는 것은 단순히 꿈을 말하고 꾸라는 의미가 아닐 것이다. 꿈은 그렇게 쉽고 만만한 것이 아니니까. 계속해서 꿈을 꾸고 바라게 되면 그 방향으로 자연스럽게 다가가게 된다. 보이는 것도 들리는 것도 그 꿈과 관련된 것만 보이고 들린다. 그렇게 나아가는 길에 긍정 다이어리는 분명 좋은 동반자가 되어줄 것이다.

꿈을 이루기 위한 첫걸음은 계획을 세우는 것이다. 그 계획을 A4 용지에 써서 벽에 붙이기도 하고, '성공 다이어리'나 '꿈 다이어리'에 더 상세하고 정확하게 옮겨 적으면 된다. 긍정마인드로 성공다이어리를 쓰기 시작했다면 이미 절반의 성공을 이룬 것이나 다름없다.

Tip. 홍미경의 성공다이어리 작성 노하우

1. 연초에 실현가능한 목표들을 20개 정도 세운다.
2. 목표들의 우선순위를 목표를 달성하기 위해 행동개시 해야 할 월을 정한다.
3. 행동개시가 시작되는 달 1주일 전에 다음 달에 해야 할 일을 여러 개의 작은 목표로 쪼개어 4주로 분배한다.
4. 매일 저녁 그날 성공적으로 실행한 것은 초록색 유성펜으로(내가 좋아하는 색), 실행하지 못한 것은 분홍색 유성펜으로 색을 입히고, 분홍색 유성펜으로 체크된 것은 할 수 있는 날에 다시 옮겨 적어 놓는 것이다. 두세 번 연기하는 일이 생겨도 언젠가는 내가 좋아하는 초록색으로 칠할 수 있으면 만족하는 것이다.
5. 매주 금요일에는 다음 주에 할 일들을 다시 점검한다.

- 지금 당장 성공목록이나 꿈 목록 혹은 버킷리스트를 만들어 봅시다.
- 성공 다이어리 혹은 꿈 다이어리를 즐거운 마음으로 준비해 봅시다.

‹ 그리고 나 ›

09

오늘도 나에게
박수를 보낸다

⌄

○ 나를 깨우는 희망의 새벽

"새벽은 또 다른 세상이었다. 유흥과 게으름으로 시간을 허비하는 사람은 결코 알 수 없는 세상이었다. 좀 더 나은 미래를 향한 작지만 귀한 소망과 부지런하게 자신을 단련해 가는 성실함이 모두가 잠든 새벽을 밝히고 있었다."

정은희 씨의 《오늘도 나에게 박수를 보낸다》에 나왔던 구절이다. 늘 바빠서 새벽에 깨어 있을 때가 많은 나에게는 더없이 공감이 가는 문구다.

정은희 씨는 세계적 기업인 메리케이의 내셔널 세일즈 디렉터이다. 불과 5~6년 전만해도 지방도시 11평 임대아파트에서 살던 초라한 마흔의 이혼녀였던 그녀는 자신의 절망을 희망으로 바꾸었다. 메이케이 코리아에서 배출한 NSD(National Sales Director) 중 3년 6개월이라는 최단기간에 NSD가 된 그녀는 실패하는 순간에도 두려움을 이겨내고 더 많은 시도를 함으로써 '바닥을 탈출하라'는 희망과 용기의 메시지를 전한다. 그리고 '꿈을 꾸기에 늦은 나이란 없다'고 말한다.

사실, 나처럼 그 말에 공감하는 사람도 없을 것이다. 긴 세월을 아이들 키우랴, 유치원을 운영하랴, 뒤늦은 나이에 대학원에 다니랴 숨 돌릴 겨를도 없었다. 절친과의 만남도 제대로 마음 편하게 해보지 못했을 뿐만 아니라, 혼자 나만의 하루를 보내본 적이 없었다. 그때를 생각하면 최근 삶의 즐거움이 쏠쏠하다.

'늘 즐겁고 행복하다'는 감사한 마음으로 하루를 시작하는 새벽. 혼자임이 더 행복하게 느껴지는 시간이다. 내 나이에 열정이 넘치고 바쁘니 이 또한 얼마나 감사한가. 사실 요즘은 바람이 빵빵한 풍선처럼 어디로 날아갈까, 하는 행복한 기분으로 살아가고 있다. 30대에는 꿈도 못 꾸던 시간들이다. 30대에는 과연 나에게 이런 시간이 올까 싶었는데 거짓말처럼 왔다.

이렇게 되기까지는 인생에 몇 번의 터닝 포인트가 있었다. 지금의 나를 보면 아무도 상상하지 못하겠지만, 어려서부터 낯을 가리는 내성적인 성격과 어눌한 말투로 스트레스가 많았다. 특히, 부모 없이 동생들을 챙겨야 하는 소녀가장으로 중·고등학교 시절을 보냈던 나는 항상 나보다는 남을 위한 삶을 살아왔다.

그러던 것이 마흔이 넘으면서 나를 찾기 위한 본격적인 도전을 시작한 것이다. 평발로 하프마라톤을 여러 번 완주하였고, 40대에 50개의 자격증을 취득했다. 나름 치열하게 살아온 삶이었는데 어느 날 보니 나는 제자리에 서 있었다. 긴 세월동안 올바른 선택인줄만 알며 살아오던 나에게는 커다란 변화를 시도하는 사건들이었다.

그러한 변화들이 올 수 있었던 것은 인생의 멘토를 찾으려고 노력한 덕분이었다. 성공한 사람을 만나고 지혜로운 사람들을 가까이에 두어 늘 자극제와 동기부여의 기회를 만들었다. 그들은 나에게 긍정적인 삶의 방향과 빛나는 인생의 가치에 대해 알려 주었다. 이러한 인생의 터닝 포인트를 만들어 가다 보니, 어느새 많은 사람들에게 성공한 여자로 인정받고 있었다.

◯ 내가 꼭 이루어야 할 꿈의 목록

1944년 미국 로스앤젤레스. 비 내리는 어느 날 오후였다. 열일곱 살 소년 존 고다드는 "내가 한 살이라도 젊었다면……"으로 시작되는 할머니의 한탄을 들으며 멋진 계획을 생각해냈다. 즉시, 연필과 노란 종이를 꺼내 맨 위에 'My dream list'라고 쓴 후 평생에 걸쳐 가고 싶은 곳, 하고 싶은 것, 배우고 싶은 것을 적어내려가기 시작했다. 그 목록의 수는 무려 127가지나 되었다.

1977년 미국 〈라이프〉지에 '한 남자의 후회 없는 삶'이란 제목의 기사가 실려 많은 이들의 주목을 받았다. 존 고더드가 127개 목표 중 104개 목표를 이뤘다는 내용이었다. 결코 쉬운 목표가 아니었다. 세계 주요 고산지대 등반과 나일강 같은 큰 강을 탐사하는 것, 셰익스피어 전집 읽기와 브리태니커 백과사전 전권 읽기까지 포함되어 있었다고. 그러나 그는 오랜 세월에 걸쳐 하나하나씩 이뤄냈고 1980년에는 우주비행사가 되어 달에 다녀오기까지 했다. 소년 시절의 물정 모르는 허세라고 치부할 수도 있는 일이지만 그는 항상 목록을 가지고 다니며 시간이 날 때마다 꿈을 이루는 모습을 상상했다고 한다.

나 또한 매년 심장이 뛰는 꿈의 목록을 새롭게 작성하곤 한다. 백

지에 20가지 꿈들을 적어 매일 아침저녁 눈에 띄는 곳에 붙여 놓고 음미하고 복창하기도 하면서 하나씩 현실화시키는 재미가 쏠쏠하다. 실행해 나가는 즐거움에 빠져 산다.

요즘 나는 매일 하루에 1시간을 오롯이 나를 위한 시간으로 투자하고 있다. 그 테마는 매년 달라지는데 올해는 러닝머신을 선택했다. 시간이 없다고 불평하는 것은 핑계에 지나지 않는다고 생각하기 때문에 매일 밤 10~11시는 누구도 방해할 수 없는 나만의 시간으로 못박아두고 있다. 여기에는 절박함과 간절함이 필수다. '되면 하고, 아니면 말지' 이런 생각으로는 항상 남에게 치여 살 뿐, 나를 위한 시간은 절대로 가질 수 없다. 늘 우선순위에서 밀리기 때문이다.

80세까지 산다고 생각하고 인생을 하루 시계로 계산해 보자. 청년은 오전 10시쯤이고, 40대 중년은 오후 2시, 60대는 저녁 6시 석양쯤 될 것이다. 여러분의 나이는 지금 몇 시를 가리키고 있는가.

혹여 무엇을 하기엔 늦었다고 생각하는가? 지금 시간이 오후 1시나 2시쯤이라고 생각해보자. 해가 지기 전에 할 수 있는 무수한 일들이 떠오를 것이다.

나만의 시간을 가지면서 삶의 주체가 내 중심으로 변화하면, 주변 사람들의 시선에서 자유로워지기 시작한다. 꿈은 나의 몫이고, 누구의 간섭도 받을 필요가 없는 것이다.

어떤 존재로 살고 싶은가? 누구와 함께 어디로 가겠는가? 어떤 성품을 기르겠는가? 자신을 위하여 무엇을 하겠는가? 나는 요즘 강연회나 부모세미나, 자녀특강, 대학 강의 등에서 나이를 불문하고 많은 사람을 만나며 살고 있다. 파릇파릇한 대학생들과 브런치를 즐기기도 하고, 캠퍼스를 함께 거닐며 그들의 멘토가 되어 주기도 하고 친구가 되어 주기도 한다.

물론 가정으로 돌아오면 가족들의 아침밥을 챙기고, 뒤집어진 양말을 다시 뒤집어 세탁기에 넣고, 어지러워진 방을 청소하는 평범한 아내이자 엄마가 된다. 이 또한 나쁘지 않다. 환경을 있는 그대로 인정하고 즐기면 된다.

잠시 익숙해져 있는 것들을 버리고, 진정한 의미의 사랑이나 기쁨, 행복을 느낄 수 있는 시간들을 가져보자. 내면으로 고요히 들어가 나를 보듬어주고, 내가 무슨 꿈이 있었는지, 어떤 이야기를 하고 싶은지, 무엇을 좋아하는지, 어떤 향기에 취하고 싶은지, 필요한 것들을 생각해보는 시간을 가져보자.

진정으로 자신이 원하는 삶을 살고 싶다면 그것이 무엇인지 스스로 알아내는 것부터 시작해야 한다. 당장 연필을 꺼내 리스트를 작성해보자. 내가 원하는 것은 몇 개나 되는지. 그리고 죽기 전에 얼마나 달성할 수 있을지. 안개 낀 오늘 하루 새벽녘 더 많은 생각으로 어디선가 다가올, 기분 좋은 기운을 기대해 보면서 나에게 박수를 보낸다.

- 죽기 전에 꼭 이루고 싶은 꿈이 있나요?
- 실천해야 할 꿈의 목록을 만들어 보세요.

〈 그리고 나 〉

10
여자가
여자에게

∨

　인생의 선배로, 성공한 롤모델로 강연도 하고 책도 쓰다 보니 여기저기서 나의 이야기를 하게 되는 경우가 잦아졌다. 얼마 전에는 여성잡지 〈리빙센스〉와 인터뷰를 하면서 '여자가 여자에게'라는 주제로 젊은 주부들에게 조언을 해주었다. 세상에서 가장 바쁘고 힘든 그녀들, 그러나 아무도 알아주지 않는 괴로움을 나 역시 모두 겪어왔기에 진심 어린 이야기를 들려줄 수 있었다. 그 내용을 이곳에 옮겨본다.

○ 아내들이여, 아름다운 딴짓을 하자

여자에게 30대는 어떤 나이일까요? 사실 기혼 30대 여성들은 '엄마'라는 타이틀 하나만으로도 버겁기 마련입니다. 출산과 육아에 시달리느라 자신의 정체성을 잃어버리기 십상이지요. 그렇게 정신없이 시간은 흘러가고, 눈 깜짝할 사이에 40대가 됩니다. 그제야 조금 한숨을 돌릴 시간이 생기는 거죠. 그러나 시간이 생기면 생각이 많아지지요.

'내가 여자인가, 엄마인가, 예전의 나는 어디 가고 주름투성이 아줌마가 여기 있나' 싶지요.

문득 그리워집니다. 자신이 여자였던 시절, 생기로 가득 차 온 세상으로부터 사랑받던 시절. 하지만 나를 가장 사랑해야 할 남편이 심드렁하고, 연애할 때와 확연히 달라진 모습을 보이면 서글프기 그지없지요.

여기서 여자 앞에 두 가지 갈림길이 생깁니다. 다 포기하고 그냥 망가지는 사람이 있는가 하면, 이를 극복하기 위해 안간힘을 쓰는 사람도 있지요.

○ 엄마가 되기 전, 우리는 모두 여자였다

가장 좋은 방법은 30대 때부터 차근차근 멋진 아내, 건강한 엄마, 그리고 온전한 자신으로 사는 법을 터득해야 합니다. 구체적으로 얘기하자면 경제권, 건강, 미모, 자신감 등 입니다. 이러한 자산은 꾸준한 저축만이 해답입니다. 결코 한 번에 갖춰지지 않지요. 30대 때 비축해 놓지 않으면 어느 순간 와르르 무너지는 일이 생길지도 모르거든요.

저는 직업상 많은 엄마를 만나게 됩니다. 요즘 엄마들, 참 걱정도 많고 스트레스도 어마어마하죠. 잘 압니다. 저 역시 엄마이고, 주부니까요. 아무래도 저희가 교육기관이다 보니 대부분 자녀 걱정에 조바심을 내는 경우가 많아요. 아직 여섯 살에 불과한 자녀를 두고 대뜸 "우리 애가 반에서 몇 등이에요?" 하며 선생님들을 닦달하는 경우도 있고, 사소한 경쟁의식에 스트레스를 받는 경우도 많지요. 그럴 때마다 제가 드리는 말씀은 항상 같습니다.

기다리는 마음으로 아이들을 바라보기를, 비교하지 말기를, 자연과 접하며 자유롭게 성장할 수 있도록 도와주길. 그러나 어디 교육이 말처럼 쉽나요? 그러다 문득 깨달았습니다. 좋은 아내가 결국 좋은 엄마가 된다는 것을 말이요. 행복한 아내가 행복한 엄마가 되는 거고요. 그래서 엄마들을 여자로, 아내로 바라보기 시작했습니다. 그랬더니 의외로 많은 문제가 해결되더군요.

○ 사랑받고 싶은 것은 모든 여자의 본능

지나칠 정도로 자기 자랑에 열을 올리는 지인이 있었습니다. 만났다 하면 남의 얘기는 들을 생각도 않고 자기 자랑으로만 몇 시간입니다. 어렸을 때부터 공주처럼 자랐다는 둥, 고급 브랜드가 아닌 옷은 입지 않는다는 둥 레퍼토리는 한이 없었습니다. 그중 빠지지 않는 게 남편 이야기였죠. "남자의 마음을 얻지 못하면 여자로서의 생명은 끝이야. 나처럼 열심히 가꾸고 애교도 부려야 사랑을 받지."

부부 금슬이 어지간히 좋은가 보다, 하고 속으로 조금 부러워하기도 했던 것 같습니다. 그런데 얼마 전 그녀와 친한 다른 지인으로부터 흥미로운 이야기를 들었습니다. 그렇게 남편 자랑을 하던 그녀가 아이러니하게도 결혼 후 철저하게 남편으로부터 무시를 당하고 있다는 겁니다. 지금은 각방을 쓸 정도로 사이가 좋지 않다더군요. 그 순간 나는 왜 그녀가 그동안 그토록 자랑에 심취했는지 이해할 수 있었습니다. 집에서 남편에게 무시당하고 사랑을 받지 못해 쌓인 불만을 그런 식으로 해소했던 것이죠.

　누구나 마찬가지겠지만, 특히 여자는 늘 누군가의 사랑과 인정받기를 원합니다. 그런데 특히 남편으로부터 사랑을 받지 못하면 그 결핍이 병적인 방식의 피해의식으로 돌아오곤 하죠. 내면의 공허함과 스트레스를 어떤 식으로든 처리해야만 하기 때문에 알코올중독, 쇼핑중독, 습관적인 폭식 등으로 이어지기도 합니다.

　아내가 고통스러워하는 원인이 결국 남편 자신에게 있음을 모르고 아내를 비난하기 바쁜 남편들을 볼 때면 진심으로 안타깝습니다. 항아리에 금이 가면 살짝 떨어져도 깨지기 마련입니다. 남편들이 평소에 아내를 함부로 대하면 아내의 마음에는 서서히 균열이 생기기 시작합니다. 이를 알아차리지 못하고 '아내는 쉽게 대해도 되는 사람'으로 인식한다면 정말 어리석은 남편이죠. 그러다 아내가 폭발하면 '평소엔 그냥 넘어가더니 갑자기 왜 이러는 거야!' 하며 어리둥절해 합니다.

　이미 깨진 항아리는 붙여봤자 그저 '깨진 항아리'일뿐입니다. 값어치가 없죠. 처음부터 깨지지 않도록 아내를 소중하게 대해야 합니다. 늘 그 자리에 있을 것 같은 아내, 그래서 소중함을 미처 깨닫지 못했던 아내의 존재를 남편이 먼저 알아줘야 합니다.

● 나이에 가능성을 가두지 마라!

둘이서 옥신각신하다 보면 부부 사이의 문제는 자꾸 커질 뿐입니다. 무엇보다 아내들은 자꾸 안으로 진창에 빠지려는 경향이 있습니다.

'이제 날 여자로도 보지 않는 건가. 내가 그렇게 매력이 없나. 혹시 다른 여자가 생긴 건 아닐까.'

혼자 고민하다 보면 문제는 꼬리에 꼬리를 물고 등장합니다. 이를 떨쳐내야 해요.

전문가인 제3자의 도움을 받아도 좋고, 보다 넓은 세계로 나가 관계를 다른 눈으로 바라보는 연습을 하는 것도 좋습니다.

제가 젊은 엄마들에게 권하는 가장 좋은 방법은 바로 '딴짓'을 하라는 겁니다. 요즘은 세상이 정말 좋아졌어요. 여자지만 할 수 있는 일, 해야 하는 일이 참 많아졌거든요. 어려운 사람을 도울 수도 있고, 새로운 직업에 도전해 볼 수도 있어요.

나에게 가능성을 가두지 마세요. 여자라서 안 된다고 생각하지 마세요. 가정에 너무 얽매이지 마세요. 눈을 밖으로 돌리고, 더 나은 내가 되기 위해 무엇이든 하세요. 그 자체만으로도 당신에게서는 날마다 새로운 매력이 샘솟을 겁니다. 남편도 인정할 수밖에 없는 멋진 여성으로 거듭날 겁니다.